KB209477

사회적 상상은
어떻게 세상을 바꾸는가

The Imaginary Crisis
© Geoff Mulgan, 2020

Transforming Narrative Waters
© Ruth Taylor, 2021

이 책은 저자들의 허락하에 협동조합 착한책가게에서 출판했습니다.
저작권법에 의하여 보호를 받는 저작물이므로 무단전재와 복제를 금합니다.

상상력의 회복과 심층서사의 변화를 통한
사회 혁신과 전환

사회적 상상은 어떻게 세상을 바꾸는가

제프 멀건·루스 테일러 지음 | 번역협동조합 옮김

COOPERATIVE
착한책가게

일러두기

- 이 책은 별개의 보고서인 〈The Imaginary Crisis〉와 〈Transforming Narrative Waters〉를 저자들에게 허락을 받고 한 권으로 엮은 것이다.

- 〈The Imaginary Crisis〉는 비영리 싱크탱크인 데모스헬싱키가 조직해온 '무제(untitled)' 프로그램의 일환으로 작성되었고, 〈Transforming Narrative Waters〉는 영국복권기금(National Lottery Community Fund)의 의뢰를 받아 작성되었다.

- 두 보고서는 모두 narrative라는 용어를 사용하고 있는데 둘 사이에 의미의 차이는 없다. 다만, 첫 번째 보고서의 번역에서는 음역하여 '내러티브'로 옮겼고, 두 번째 보고서의 번역에서는 한국 문헌에서 대표적으로 번역되고 있는 한글 용어 중 하나인 '서사'로 옮겼음을 밝힌다.

상상의 위기와 서사의 흐름 바꾸기

"세계는 사회적 상상의 결핍을 겪고 있다. 우리는 세계의 종말이나 재난을 쉽게 상상한다. 새로운 세대의 기술에 대해서도 마찬가지다. 그러나 지금보다 한 세대 이후의 더 좋은 미래 사회를 상상하는 것은 과거에 비해 훨씬 힘들어졌다."

— 제프 멀건, 〈상상의 위기〉 중에서

"우리가 심층서사를 지속적으로 바꾸기 위해 무엇이 필요한지를 생각해보면, 우리가 참여해 살아가는 문화를 형성하고 유지하기 위해 노력하는 모든 사람이 필요하다는 것은 분명하다."

— 루스 테일러, 〈서사의 흐름 바꾸기〉 중에서

코로나19가 한창이던 시기에 이 책에 번역하여 실은 두 보고서를 접하게 되었습니다. 복잡해지는 문제들과 더 많은 협력과 자원이 필요한 시기였지만, 우리는 코로나로 인해 집 밖을 나서지 못하고 사람들과 만날 수도 없었습니다. 언제 끝날지 모를 불확실성 속에서 낙관주의를 유지하려 애쓰던 그 시기에, 이 두 보고서를 발견하고는 크게 반가웠습니다. 씨닷은 사회적 상상력과 새로운 서사를 변화시키기 위한 노력을 꾸준히 이어왔으며, 보이지 않는 것들에 대한 심층적인 이해를 넓히고자 다양한 프로젝트를 통해 이를 실현하려 노력해왔습니다.

지난 10년에서 20년 동안, 한국 사회는 전 세계에서 일어나는 혁신에 누구보다도 빠르게 반응했습니다. 하지만 빠르게 문제를 파악하고 해결책을 제시하며 이를 확장하기에 급급한 나머지, 충분히 소화하고 성찰할 시간을 확보하지 못했습니다. 그러다 코로나19로 인해 어쩔 수 없이 멈춰서게 되자, 우리는 비로소 근본적인 질문을 던질 수 있었습니다. "이대로 계속하면 우리가 기대하는 변화가 올까?", "우리가 진정으로 원하는 사회가 되기 위해서는 어떤 근본적인 변화가 필요할까?" 그리고 "그 근본적인 변화는 어떻게 올 것인가?"

이 두 보고서를 번역협동조합에 추천한 이유는, 우리가 추구해온 변화에 대해 깊이 있는 성찰을 할 때, 사회적 상상력과 심층서사라는 두 개념이 새로운 관점과 접근을 제공할 수 있기 때문입니다. 출간을 앞둔 지금, 우리 사회를 보면 이러한 새로운 관점과 접근이 점점 더 중요해지고 있다는 것을 실감합니다.

첫 번째 보고서 〈상상의 위기〉는 사회 혁신의 대표적인 사상가인 제프 멀건이 핀란드의 싱크탱크인 데모스헬싱키에서 발표했습니다. 이 보고서는 현대 사회가 직면한 중요한 문제 중 하나인 '상상의 퇴보'를 지적하며, 사회적 상상력의 감소로 사람들이 미래를 긍정적으로 상상하는 능력이 약화되고 있다는 점을 강조합니다. 사회적 상상은 기후변화, 인구 고령화 등 거대한 문제들을 해결하는 데 필수적인 요소로, 우리에게 다양한 선택지와 아이디어를 제공합니다. 하지만 현재 많은 주요 기관, 대학, 정당, 싱크탱크들은 이 역할을 방기하고 있습니다.

보고서는 상상력의 역사적 중요성과 쇠퇴의 원인을 설명하며, 이를 촉진하기 위한 다양한 방법을 제시합니다. 미래 시나리오 작성, 변증법적 접근, 새로운 관찰 방법 도입 등 다양한 방법이 소개되며, 상상력이 단순한 이론에 그치지 않고 실천을 통해 구현되어야 한다는 점이 강조됩니다. 그리고 상상력의 회복이 커뮤니티가 스스로의 역사를 다시 쓰고 주인공이 되는 길이라고 말합니다.

두번째 보고서인 〈서사의 흐름 바꾸기〉는 루스 테일러가 서사 전략가로서 커먼코즈 재단common cause foundation에서 발표한 보고서로, 영국에서 심층서사 변화를 실천하는 데 있어 필요한 분석과 제안을 담고 있습니다. 심층서사는 사회적, 환경적 변화를 이끌어내기 위한 중요한 요소로, 사람들의 사고와 행동에 깊이 뿌리내린 이야기를 바꾸는 데 요구되는 지속적인 노력입니다

보고서는 심층서사 변화를 설계하는 데 필요한 접근법을 제시하며, 서사 개입을 어떻게 설계할 것인지에 대해 설명합니다. 또한 현재 영국에서 이루어지고 있는 다양한 서사 변화 실천 사례를 바탕으로, 이 과정에서 발생하는 주요 걸림돌과 도전을 다루며, 영국에서 좀 더 성공적인 서사 변화 프로젝트를 구축하기 위한 권고사항도 제시합니다.

현재 우리 사회는 그동안 '사회 혁신'과 '사회적경제'라는 이름으로 진행되었던 많은 시도들이 부정되고, 그 성과가 지워지는 상황을 경험하고 있습니다. 더 나아갈 자원을 확보하는 것도 어렵고, 지지하는 목소리마저 점차 줄어들고 있습니다. 이미 쉼 없이 달려온 우리는 이러한 상황에서 낙관적인 상상을 하기도 지쳐 보입니다. 소셜 섹터에 만연한 좌절과 번아웃에서 오는 피로는 어떻게 해결할 수 있을까요? 누군가 영웅처럼 나타나 모두에게 희망을 제시하기를 기다려야 할까요? 그보다는 이 두 보고서가 제안하는 것처럼, 개인과 커뮤니티가 함께 사회적 상상력을 다시 키우고 가꾸어 가면서, 성과 중심의 성공담이 아닌, 변화를 이끄는 심층서사를 만들어가는 것은 어떨까요?

이 두 보고서를 번역하고 한 권의 책으로 묶어낸 번역협동조합의 노고에 깊이 감사드립니다. 이 책은 현대 사회가 직면한 도전

과제에 대한 깊이 있는 통찰을 제공하며, 우리 사회가 단순한 정치적 환경 변화에 그치지 않고, 근본적인 전환을 이루기 위해 어떤 상상력과 서사가 필요한지를 모색하고 깨닫게 해줄 것입니다. 이 책이 디스토피아적 미래 대신, 희망을 바탕으로 새로운 미래를 만들어 가려는 독자 여러분의 탐색과 시도에 큰 도움이 되기를 진심으로 바랍니다.

2024년 10월
한선경 | 씨닷 대표

차 례

서사의 흐름 바꾸기
심층서사 변화의 실천 확대하기 : 영국 사례를 중심으로 ··· 루스 테일러

The Imaginary Crisis

상상의 위기

사회적, 대중적 상상을 촉진하는 방법

제프 멀건

2020년 4월, UCL, 데모스헬싱키, 무제(Untitled)

머리말

세계는 사회적 상상의 결핍을 겪고 있다. 우리는 세계의 종말이
나 재난을 쉽게 상상한다. 새로운 세대의 기술에 대해서도 마찬가
지다. 그러나 한 세대 후의 더 좋은 미래 사회를 상상하는 것은 과
거에 비해 훨씬 힘들어졌다.

여기에는 진보와 거대담론에 대한 자신감 상실, 상상할 수 있는
역량의 퇴보, 혁신 속도의 감소 등 여러 이유가 있을 수 있다. 대
학, 정당, 싱크탱크 등의 주요 기관들은 다양한 이유로 사회적 상
상을 방기하고 있다. 상상의 쇠퇴는 중요한 문제다. 사회가 기후
변화, 인구 고령화 같은 거대한 문제에 적응하기 위해서는 폭넓은
아이디어와 선택지가 필요하기 때문이다.

사회적 상상은 길고 흥미로운 역사를 가지고 있다. 유토피아부

터 정치 강령까지, 이상적 공동체부터 생성적 아이디어와 픽션까지, 다양한 상상을 통해 우리는 인류의 진보를 이해하고 설계할 수 있었다.

상상을 촉진할 수 있는 방법들은 다양하다. 이를 통해 창의력을 자극하고 지배적인 사고에서 벗어나는 힘을 키울 수 있다. 가장 흥미로운 사회적 상상은 역사적 추세의 결을 따라가는 동시에 그에 반한다는 점에서 변증법적인 경우가 많다.

우리는 앞으로 수십 년을 바라보며 돌봄과 건강, 민주주의와 재산권 등의 영역에서 가능성의 공간들을 그릴 수 있다. 또한 광범위한 영향력을 미칠 수 있는, 여러 분야를 가로지르는 개념적 아이디어들도 그릴 수 있다(순환성, 플랫폼, 자연에 법적 권리 부여, 알고리듬 기반 의사결정 등). 이때 가장 가치 있는 아이디어는 질문을 던질 수 있고, 개선이 가능하며, 그것을 바탕으로 행동을 도출할 수 있도록 충분히 정의된 아이디어.

또한 사회적 상상에 대해 더 나은 이론도 필요하다. 예를 들어 사회적 상상과 발전하는 의식 형태와의 관계(진보를 위해서는 우리가 생각하고 느끼는 방식의 질적 진화가 어느 정도 필요하기에), 또는 아이디어가 어떻게 '두터워지고' 사람들이 이를 실행에 옮기도록 할 것인지에 관한 이론 말이다.

사회적 상상을 촉진하기 위해서는, 사회적 상상을 지원할 수 있는데도 오늘날 그러지 않고 있는 기관들, 예를 들어 연구 지원기관, 재단, 대학, 정부 등과 대화해야 한다. 또한 공유하는 사회적 상상이 회복될 경우 무엇이 가능해지는지 기억해야 한다. 바로 커뮤니티들이 스스로의 역사에서 그저 관찰자가 아니라 다시 주인공이 될 수 있다는 것이다.

.

사회적 상상의 결핍과
대중의 거대한 상상력을 위한 제안

> "우리는 다시 과감하게 상상해야 한다.
> 우리는 다시 꿈꾸는 법을 배워야 한다. 그리고 함께 배워야 한다."
> — 멸종저항(EXTINCTION REBELLION)

우리는 전 세계적으로 밀어닥친 매우 급박하고 치명적인 위기들의 한복판에 있다. 이러한 위기들을 다행히도 얼마간 통제할 수 있게 되더라도 누군가는 이와 전혀 다른 유형의 위기에 대응해야 할 것이다. 좀처럼 눈에 드러나지 않는 이 위기는 바로 우리가 공유하는 사회적 상상이 퇴보하고 있다는 사실이다.

이러한 '상상의 위기'는 사회적 상상이 결핍된 결과다. 많은 이들이 한두 세대가 지난 후에는 어떤 사회가 바람직하며 그것이 실현 가능성이 있는지 그려내는 데 어려움을 겪고 있다.

몇몇 분야들은 먼 미래를 능숙하게 내다본다. 기업들은 미래의 스마트홈, 스마트시티, 스마트헬스 등의 비전에 대규모로 투자하고 있다. 픽션은 인간과 기술 사이의 경계를 능숙하게 탐색한다. 주류 문화는 세계의 종말을 쉽게 상상한다. 지구 기온이 현재보다 4~5℃ 높아진다면, 인공지능이 인류를 노예로 삼는다면, 심지어 감염병 대유행이 일상이 되어버린다면 어떤 일이 일어날지 같은 것들 말이다.

그러나 긍정적 대안을 상상하는 일은 대단히 힘겹게 느껴진다. 30~40년 후 우리의 돌봄 시스템, 교육 시스템, 복지, 일터, 민주주의, 동네가 어떤 모습이어야 하는지 말이다. 이를 상상할 수 있는 힘은 특히 과거에 비해 약해진 것으로 보인다.

바람직하면서도 현실적인 미래 비전의 부재는 현재 세계 곳곳에 존재하는 문제들의 원인 중 하나일 것이다. 이는 분명 개인이 할 수 있는 것이 없다는 느낌, 미래에 대한 두려움의 심화와 연결되어 있다.[*]

과거 실천적인 사회적 상상을 뒷받침했던 기관들은 이러한 역할을 상당 부분 포기했다. 대학에서 사회과학은 미래에 대한 논의를 꺼린다. 미래보다는 과거와 현재에 집중해야 학문적으로 성공할 가능성이 훨씬 높다. 정당들의 경우 한때 미래에 대한 상상을 정교히 서술하며 강령을 설계한 핵심 조직들이 사라지면서 사

---

[*] 필자는 아트어스테크(artearthtech)의 다음 코멘트를 좋아한다. "유토피아주의를 다시 주장하는 것은 중요하다. 우리는 우리가 상상한 것들을 잊었기 때문이다. 우리는 너무나 많은 꿈들이 악몽이 되어버리는 바람에 감히 꿈꾸지 못하게 되었다."
https://artearthtech.com/2017/10/20/pragmatic-utopians/

실상 속 빈 강정이 되었다. 싱크탱크들은 미래에서 현재로 초점을 옮겼으며, 논평과 뉴스 사이클 위주로 활동한다.

물론 지금도 흥미롭고 창의적인 사회적 상상들은 존재한다. 커먼즈commons, 탄소제로 생활양식, 급진 민주주의, 새로운 화폐와 식량 시스템, 시간을 구조화하는 다양한 방법 등이 그 예다. 그러나 이러한 상상들은 조직화에 취약한 나머지 주류에 영향을 미칠 만큼의 임계질량에 도달하거나 연계를 만들어내지 못하는 경우가 많다. '다른 세계는 가능하다'는 세계사회포럼World Social Forum의 슬로건은 강력했다. 그러나 15년 전에 비해 급격히 쪼그라든 세계사회포럼의 현재 모습은 무엇이 잘못되었는지를 보여주는 하나의 증상이다.

그 결과 미래에 대한 아이디어들이 차지해야 할 공간은 이제 반동과 '더 나은 과거'의 추구, 기술 중심의 협소한 미래 비전, 미래에 대한 두려움 때문에 현재만을 방어하려는 태도로 가득 차게 되었다.

그렇다면 이러한 결핍은 어떻게 해결할 수 있을까? 이는 많은 사람들과 방법들이 동원되어야 풀 수 있는 거대한 과제다. 이 책에서 필자는 무엇을, 어떻게, 누가 해야 하는지에 대한 몇 가지 생각을 제시하고자 한다.

먼저 현재의 상황을 살펴본다. 상상의 쇠퇴가 발생하고 있는가? 그렇다면 이유는 무엇이며, 그것이 왜 문제인가?

둘째, 사회적 상상의 역사, 그리고 유토피아, 새로운 개념, 예시적 커뮤니티, 시뮬레이션, 픽션이 과거에 수행한 역할을 살펴본다.

셋째, 상상을 증폭하거나 촉진하는 데 사용할 수 있는 여러 방법들을 살펴보고, 역사적 추세의 결을 따라가는 동시에 그에 반하는 변증법적 접근법의 필요성을 제시한다.

넷째, 몇 가지 패턴과 가정을 시험하고 검토한다.

다섯째, 돌봄과 건강, 민주주의와 재산권 등의 영역에서 미래에 의미 있는 아이디어들, 그리고 광범위한 영향력을 미칠 수 있고 여러 분야를 가로지르는 개념적 아이디어들을 통해 향후 수십 년을 상상할 수 있는 방법을 제시한다(신종 코로나바이러스가 사회 구조에 대한 새로운 아이디어를 가속화할 가능성도 짚고 넘어간다).

마지막으로는 이론적 관점, 특히 상상이 사회변화에 영향을 미치는 방식에 대한 '관념론적' 관점을 제시한다. 사회변화와 진화하는 의식 형태가 서로 어떻게 영향을 주고받는지, 그리고 커뮤니티들이 다시 한 번 스스로 역사의 주인공이 될 수 있는 방법을 설명할 것이다.

이 모든 내용은 '상상의 위기'에 직면한 상황에서 비평과 논쟁을 이끌어내기 위한 일련의 제안이다. 이러한 제안이 사회의 미래 비전에 대해 더욱 체계적인 접근을 촉진함으로써 '무제Untitled' 프로그램*, 나아가 정치,˙ 시민사회, 미디어 조직 등에 반영되고,

---

* '무제'는 데모스헬싱키가 코디네이터를 맡아 수많은 조직들의 네트워크와 함께 진행하는 이벤트 및 토론 프로그램이다.

무엇이 달성 가능한가에 대한 이들의 사고를 확장할 수 있기를 바란다.

또한 우리가 보고, 이해하고, 실험하고, 수정하고, 지금은 잠자고 있는 대중의 거대한 상상력을 활용할 수 있는 아이디어를 키우는 데 도움이 되기를 바란다.

1
사회적 상상의 현주소

작아지는 미래

먼저 왜 문제가 있다고 생각하는지 설명해보자. 사실 현재는 사회적 상상의 황금기여야 한다. 객관적 지표상, 그리고 대부분의 지역에서 현재는 엄청난 사회적 진보의 시대다. 많은 이들이 소외되어 있기는 하지만, 보건, 교육, 번영, 자유의 측면에서 그렇다. 인터넷 덕분에 누구나 지식의 최전선을 접할 수 있고, 수많은 이들이 발명과 창조의 기회를 얻게 되었다. 한편 트랜스젠더 권리부터 가정폭력까지, 과거 감춰졌던 여러 이슈들이 사회적으로 공론화되고 있다.

상상을 "현재 존재하지 않거나 직접 경험하지 않은 사물, 상황

에 대한 이미지나 개념을 형성하는 일"이라고 정의한다면, 상상
은 특히 추상적이며 개념적인 논리적 사고를 가능하게 하는 대중
교육과 아이큐 상승('플린 효과Flynn effect')을 통해 크게 확대되어 왔을
것이라 짐작할 수 있다.

하지만 이러한 짐작이 사실이라 할지라도, 미래에 대한 자신감
은 그와 함께 증가하지 않고 있다. 사람들이 '가능하다' 혹은 '가
능성이 높다'고 생각하는 것과 '바람직하다'고 생각하는 것 사이
의 간극은 점차 커지는 것으로 보인다. 여러 여론조사에서는 청년
층이 자신의 부모에 비해 잘 살 것이라고 기대하지 않으며, 민주
주의나 환경에 대한 회의적 태도가 만연한 것으로 나타난다. 최근
영국 네스타NESTA: National Endowment for Science, Technology and the Arts 여론조
사에서는 다수(62%)가 자신이 국가의 장기적 미래에 영향을 미칠
기회가 없거나 거의 없다고 답했다. 청년 활동가들의 경우 이러한
회의적 태도가 더욱 심한 것으로 보인다.

세계적으로 패턴의 차이가 크긴 하지만 퓨리서치센터Pew Research
Center 여론조사에서도 긍정적 태도가 얼마나 감소해왔는지 나타난
다. 아시아와 아프리카의 여러 국가를 포함해 일부 지역은 이러한
추세를 상당 부분 벗어난다. 아프리카의 경우 청년층이 미래에 대
해, 특히 기술의 가능성에 대해 긍정적 태도를 가지는 경향이 있

---

* 옥스퍼드 영어사전의 정의.

발전한 경제 국가

나빠짐　좋아짐

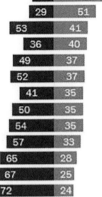

국가	나빠짐	좋아짐
폴란드	25%	59%
러시아	29	51
대한민국	53	41
이스라엘	36	40
아르헨티나	49	37
독일	52	37
헝가리	41	35
스웨덴	50	35
네덜란드	54	35
미국	57	33
오스트레일리아	65	28
캐나다	67	25
스페인	72	24
영국	70	23
이탈리아	61	19
그리스	69	18
일본	76	15
프랑스	80	15
평균	56	34

신흥 경제 국가

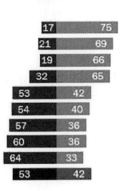

국가	나빠짐	좋아짐
인도네시아	17	75
필리핀	21	69
인도	19	66
나이지리아	32	65
브라질	53	42
남아프리카공화국	54	40
멕시코	57	36
케냐	60	36
튀니지	64	33
평균	53	42

다. 이러한 지역의 여러 국가에서는 일반적으로 긍정적 태도가 나타나지만 과거에 비해 사회적 상상이 강화되는 신호는 찾기 어렵다. 예를 들어 마오쩌둥주의의 전성기, 1960년대 아프리카의 우자마Ujamaa나 수십 년 후의 우분투Ubuntu 사상과 비교할 때 말이다.*

사회적 상상의 이와 같은 상실은 대부분의 정치 스펙트럼에서도 마찬가지로 나타난다. 좌파의 경우 기후변화의 압도적 위협에 대해 글로벌 자본주의가 통제력을 잃었으며 재앙을 피하는 것이 최선이라는 관념이 강화되고 있다.** 한편 과거 중국이나 쿠바처럼 사회주의적 미래를 미리 보여주는 것으로 간주되던 사례는 더이상 존재하지 않는다.

우파의 경우 한때 세계화에 의해 자유와 부가 끝없이 확장될 것

---

* 아프리카의 과학 픽션계는 매우 활발하며, 영국에는 이와 유사한 흥미로운 네트워크로 '흑인성과 미래주의를 새로운 방식으로 탐색하는 연구자, 예술가, 프로그래머, 활동가 집단'(https://afrofuturesuk.wordpress.com/)이 있다.

** 기후변화와 상상의 관계에 대한 문헌이 증가하고 있다. Shaw, A, Sheppard, S, Burch, S, Flanders, D, Wiek, A, Carmichael, J, Robinson, J and Cohen, S, 〈지역적 미래를 현실로 만들기—참여적 역량강화를 위한 기후변화 시나리오의 합성, 상세화, 시각화Making local futures tangible—Synthesizing, downscaling, and visualizing climate change scenarios for participatory capacity building〉, 《글로벌 환경변화Global Environmental Change》, Volume 19, 2009, pp. 447463. DOI: 10.1016/j.gloenvcha.2009.04.002; Yusoff, K and Gabrys, J, 〈기후변화와 상상Climate change and the imagination〉, 《와일리 학제간 평론:기후변화Wiley Interdisciplinary Reviews: Climate Change》, Volume 2, 2011, pp. 516-534. DOI: 10.1002/wcc.117; Levy, DL and Spicer, A, 〈경합하는 상상물과 기후변화의 문화적 정치경제학Contested imaginaries and the cultural political economy of climate change〉, 《조직Organization》, Volume 20, 2013, pp. 659678. DOI: 10.1177/1350508413489816

이라는 긍정적 태도를 받아들이기도 했지만, 이제는 진보에 대한 전통적 회의주의로 회귀했다. '권리 문화'의 확산 같은 새로운 적들로 인해 도덕이 쇠퇴하고 사회가 병들어간다는 것이다. 좌파와 우파 모두 기술에 대해 얼마 전보다 훨씬 어두운 관점을 가지게 되었다. 해방의 도구라기보다 감시와 조작, 가짜 뉴스, 악의적 행동의 원천으로 바라보는 것이다.

그 결과, 이제 멀지 않은 미래에 더 나은 사회가 어떤 모습일지 조금이라도 구체적으로 설명할 수 있는 정치인은 거의 없다. 정책, 귀에 박히는 짧은 구호, 모호한 희망사항은 존재하지만, 과거와 같이 과감한 수준에는 전혀 미치지 못한다.

사회적 상상은 왜 후퇴하는가?

이것은 긴축정책과 금융위기의 결과로 나타나는 최근의 현상인가? 아니면 장기적 추세의 결과인가?

사회적 상상의 후퇴에 심층적 원인이 있다고 생각할 만한 이유는 여러 가지가 있다. 극도로 개인주의적인 문화의 부상, 그리고 역사상 어느 때보다 합리성과 과학의 힘이 강해지면서 상대적으로 상상과 직관의 공간이 축소된 것도 그 원인의 일부다(반면 합리성과 과학의 힘은 나이브한 낙관주의에 도전하는 새로운 지식을 생성하기도 한다. 물리학자 스티븐 와인버그가 말한 것처럼, "우주에 대한 이해가 깊어질수록,

그 의미도 사라져가는 것처럼 보인다").[*]

　다른 한편 사회적 상상에서 멀어지는 것은 개인이 할 수 있는 것이 별로 없다고 느낄 만큼 복잡해진 세상에 대한 자연스러운 반응일 수 있다. 마르크스-레닌주의의 거대한 유토피아적 비전이 실패로 돌아가고, 거대한 사회적 프로젝트에 대한 자신감이 결정적으로 손상되면서 나타나는 필연적 결과일지도 모른다. 혹은 집단적 행동의 수단들을 약화시켜온 권력 이동의 결과일 수도 있다.

　상상에 대한 장애물에 주목하는 관점도 있다. 로베르토 웅거가 주장한 것처럼, 상상은 보이지 않는 강력한 적에 직면한다. 바로 사회과학(예를 들어 주류 경제학)에 존재하는 '현재의 제도는 자연스럽다', 혹은 '현재의 제도는 진화를 위한 경쟁에서 증명된 승자다'라는 식의 합리화다. 이러한 관점이 전달하는 암묵적이거나 때로는 명시적인 메시지는 '대안은 없다'(따라서 본질적으로 변하지 않는 시스템을 조금씩 수정하고 개선하는 것만이 최선이다)는 것이다[**].

　또 다른 태도로는 개인적 삶 속의 초월을 통해서만 의미를 추구하는 현실도피가 있다. 이때 상상은 현실과 일정한 거리를 두는 방식으로만 장려된다.

　그 밖의 여러 트렌드도 상상을 가로막을 수 있다. 소셜 미디어

---

[*] 물론 우주나 나노세계에 대한 새로운 지식은 우리의 경외심과 호기심을 확장할 수도 있다.

[**] 일상적으로 정치에 관여하는 이들에게도 급진주의는 상상력을 제약할 수 있다. 만약 사회의 시스템들이 서로 분리될 수 없다거나, 역사가 선형적으로 진보한다는 관념을 지나치게 신뢰할 경우에 말이다.

의 반향실 효과Echo chamber Effect는 호기심과 개방성을 약화시킨다. 사회적 창의력은 다른 유형의 창의력과 마찬가지로 새로운 조합을 필요로 하기 때문에, 동종교배의 증가로 사회적 뒤섞임이 감소하는 것은 문제다. 과거 경제력에 차이가 있는 이들 사이의 상호작용은 사회적 급진주의를 추동하는 경우가 많았다. 오늘날 부유층과 빈곤층은 어느 때보다 분리된 삶을 살아가고 있다.

사회적 창의력은 새로운 아이디어의 생성 속도가 감소하는 거대한 추세 탓에 어려움을 겪는 것일 수도 있다. 김경희Kyung Hee Kim는 미국에서 1960년대 중반부터 사용된 방법인 토런스 창의력 테스트의 데이터를 분석한 결과* 과거에는 독창성과 창의력의 다양한 지표들이 지능과 더불어 개선되었지만, 1990년 이후 지능은 지속적으로 높아진 반면 독창성과 창의력은 정체되었다고 밝혔다("이 결과는 모든 연령대, 특히 유치원에서 초등학교 3학년 사이의 미국인에게서 창의적 사고가 시간이 지남에 따라 감소하고 있음을 보여준다. 이러한 감소세는 1990년부터 지금까지 지속되고 있다").**

다른 연구에서는 투자비용 대비 새로운 아이디어의 수가 줄면서 연구의 생산성이 꾸준히 감소하고 있다는 결과가 나타났다(마찬가지로 판레이넌Van Reenen 등의 논문 "Are Ideas Getting Harder to Find?"

---

* https://www.nesacenter.org/uploaded/conferences/SEC/2013/handouts/ Kim_Creativity-Crisis_CRJ2011.pdf

** 물론 이러한 추세는 시험 성적과 시험 대비를 중심으로 하는 최근 교육정책의 영향에 불과할 수도 있다.

에서는 '아이디어를 발견하는 일은 점점 어려워지고 있는가?'라는 질문이 제기된다). 벤 존스^{Ben Jones}는 상세한 연구를 통해 노벨상 수상자들의 연령이 높아지고 학술 연구진의 규모가 커지고 있음을 밝히면서, 알아야 할 지식이 너무나 많아지면서 어떤 분야를 섭렵하거나 지식을 소화하고 새로운 혁신을 이루기까지 걸리는 시간이 훨씬 길어졌다고 주장했다. 이러한 추세는 전문화를 낳고, 이는 다시 '새로운 조합'의 범위를 줄인다.

자원 불균형의 문제도 있다. 앞서 언급했듯이 사회적 상상의 경계를 확장하고자 하는 기관이 너무나 부족한 상태다. 과학, 기술, 아이디어, 혹은 마케팅 분야의 경우에는 매우 탄탄하고 넉넉한 후원을 받는 기관들이 존재하지만, 급진적 사회 아이디어를 탐구하는 기관의 수는 대단히 적다. 사회보다 군사 및 비즈니스 분야의 혁신에 압도적으로 많은 자금과 인력이 투입되면서 거대한 부와 기술력은 향상되는 반면에 사회는 정체되는 패턴이 흔히 나타난다.

극단적인 사례가 캘리포니아다. 디지털 경제의 수혜를 입은 '슈퍼리치'들과 학문의 선구자들이 거주하는 도시 중심부는 홈리스와 정신질환자로 가득하다. 여러 가지 원인이 있지만 그 중 하나는 사회적 해법 마련을 위한 인력 투입에 완전히 실패했기 때문이다.

기술과 상상

캘리포니아는 사회적 상상이 후퇴한 또 다른 원인도 보여준다. 바로 기술적 상상이 어디에나 너무나 가시적으로 존재한다는 점이다. SF, 엑스포, TV 프로그램, 할리우드 영화, 잡지 기사 등은 모두 실제와 가상의 경계가 흐릿해지는 데이터, 인공지능, 가상현실의 세계, 그리고 무한한 미래 사회의 시나리오들을 탐험한다(블랙팬더의 와칸다처럼 긍정적인 경우도 있지만, 대부분은 부정적이고 억압적인 사회다).

기술적 상상은 사회를 구조화하는 방식에 관한 풍부한 사고를 낳는 경우가 많았고, '사회적인 것'은 물질세계와 서로 얽혀 있는 만큼 둘 사이에 분명한 경계는 존재하지 않는다.* 디지털 기술의 속성 중 하나는 익숙한 프로세스를 부수고 완전히 다른 방식으로 재구성하는 방법을 탐구하도록 독려하는 것이다. 플립러닝flipped learning으로 교실을 바꾸는 것, 자기관리와 동료 지원peer support의 역할을 크게 늘려 의료를 바꾸는 것, 빠르고 풍부한 커뮤니케이션으로 민주주의를 완전히 새롭게 상상하는 것이 그런 예다.

최근 인공지능의 부상은 스마트 기술들이 장악한 미래에 대해

---

* 필자는 '사회적인 것'에 대한 특별한 정의를 사용하지 않으려고 한다. '사회 및 사회 구조와 관련된 것'이라는 사전적 정의는 상당히 광범위하며 기술의 여러 측면을 포괄하는데, 여기서 정확한 경계는 설정되지 않는다.

어두운 버전과 밝은 버전의 상상을 더욱 촉진하고 있다. 이러한 기술들 중 상당수에 대해서는 책임을 묻기는커녕 이해하기도 어려울 것이다. 또한 많은 이들이 때로 과도하게 열광하는 블록체인은 위계가 없는 조직을 통해 사회를 다르게 구조화하는 방법, 국가 없이 재산과 화폐를 새롭게 구성하는 방법에 대한 상상을 촉발한 것이 사실이다.

이와 마찬가지로 유전자 조작 기술인 크리스퍼-9 등의 가능성을 바탕으로 한 생물학적 상상도 성장하고 있다. 이제 우리는 진화의 속도를 높이고, 인간 본성을 프로그래밍하고 개선할 수 있는 세상을 상상할 수밖에 없게 되었다.

그러나 이러한 기술적 상상의 부상에는 사회를 중심에 둔 상상의 공간이 더욱 줄었다는 이면도 존재한다. 하드웨어와 소프트웨어에 대한 열렬한 관심은 사람이 기술과 어떤 관계를 맺을 것인가에 대해 생각할 수 있는 공간을 축소시켰다.

왜 문제인가?

사회적 상상이 다른 유형의 상상에 의해 대체되었다면, 그것은 정말 문제인가? 상상은 그 자체로 유익한가, 아니면 실용적 사고와 문제해결에 집중하지 못하게 만들 뿐인가?

이러한 현상이 중요하다고 볼 수 있는 중요한 이유는 적어도 세

가지가 있다.

첫째, 가능성의 선택지가 넓은 것은 어떤 사회에나 유익하다. 일반적으로 진화에서는 생물종의 유전자 풀이 다양할수록 환경 변화에 대한 회복력이 강해진다. 우리는 이제 단일작물 재배가 얼마나 위험한지 잘 알고 있다. 병충해에 더욱 취약하고 기후변화에 대한 적응력이 떨어지기 때문이다. 마찬가지로 지나치게 전문화된 사회, 혹은 특정한 방식으로 지나치게 최적화된 사회는 상황 변화에 어려움을 겪을 가능성이 높다. 이러한 의미에서 상상은 그저 사치가 아니라 유용하며 필수적이다.

둘째, 앞으로 수십 년간 찾아올 난제의 거대한 규모를 고려할 때 현 상태로는 충분치 않을 것이다. 사실 기후변화(이에 따른 생활양식, 가치관, 경제구조의 전환도 포함), 급속한 고령화, 뿌리 깊은 불평등, 어디에나 존재하는 스마트 기술에 대처하기 위해서는 매우 급진적인 개혁과 혁신이 필요할 가능성이 높다. 이러한 문제들 중 하나만 해결하려고 해도 사회적으로 커다란 부담이 발생할 공산이 큰데, 한꺼번에 해결해야 한다면 우리가 지금보다 나은 사회 구조를 상상하고 설계할 수 있는 역량을 신속히 크게 향상시켜야 함은 분명하다.

셋째, 여전히 '해방'을 원한다면, 진지한 사회적 상상이 이미 부유하고 힘 있는 이들에 의해 독점되다시피 하고(예를 들어 억만장자 남성들이 후원하고 그들의 협소한 세계관을 반영하는 캘리포니아의 싱크탱크들),

절대 다수의 이익과 가치에 따라 세계를 구성하려는 노력이 거의
이루어지지 않는 현실은 문제일 수밖에 없다.

2
사회적 상상의 역사

> "위대한 과학자들이 말해왔고 모든 아이들이 알고 있는 것처럼,
> 우리가 통찰, 연민, 희망을 가질 수 있는 것은 결국 상상 덕분이다."
> - 어슐러 르귄Ursula Le Guin

사회적 상상의 역사 이해하기

사회적 상상을 되살리고 촉진하기 위해 역사에서 무엇을 배울 수 있을까? 사회적 상상의 실천은 새로운 일이 아니다. 인류는 언제나 다양한 행동 방식을 고안하고, 꿈꾸고, 신화를 창조하고, 사회 질서를 새롭게 상상하는 능력을 발휘해왔다.

하지만 우리가 미래 사회를 상상하고 그것을 실제로 구현할 수 있다는 발상은 근대적인 것이라 할 수 있다. 물론 윤리적 처방, 컬트 또는 공동체의 설계, 플라톤과 카우틸랴의 시대에 존재한 정치적 설계 등 오래된 전통도 있었다. 그러나 사회적 상상을 의식적으로 현실에 구현하는 일은 근대적 현상이며 자연세계를 상상하

고 변화시킬 수 있는 능력과 연결되어 있다.[*]

역사 속에서 상상을 더욱 체계화하고 가능한 것의 공간을 확장하기 위해 사용된 방법들을 몇 가지 살펴보자.

산문으로 서술된, 완성된 유토피아

플라톤의 《국가》부터 16세기 토머스 모어에 이르는 전통을 말한다(모어의 유토피아에는 화폐나 재산이 존재하지 않았고, 공동 노동과 무상의료가 존재했으며, 노동시간이 제한되고 모두 저녁 8시면 잠자리에 들어야 했다). 그로부터 1세기 후, 프랜시스 베이컨의 《새로운 아틀란티스》는 과학과 실험으로 형성된 유토피아를 제시했다.

그 밖의 유토피아주의자로는 18세기의 루이 세바스티앙 메르세르Louis Sebastien Mercer, 그리고 19세기의 생시몽, 에티엔 카베, 윌리엄 모리스, 새뮤얼 버틀러 등이 있다. 예를 들어 미국의 사회주의자 에드워드 벨러미는 신용카드와 택배의 등장을 예견했다. 오스카 와일드는 다음과 같은 유명한 말을 남겼다. "유토피아가 빠진 세계지도는 쳐다볼 가치도 없다. 인류가 언제나 도착하고자 하는 나라가 없기 때문이다. 인류는 그 나라에 상륙한 후 멀리 내다보고, 더 좋은 나라를 발견한 후 다시 항해를 떠난다."

---

[*] 이러한 최근의 사고방식을 통해 우리는 현재가 무한한 평행세계들, 다시 말해 우리가 밟을 수 있었던 경로들, 현실화될 수 있었던 상상 속의 미래들에 둘러싸여 있다고 볼 수도 있다. 마찬가지로, 미래로 나아가는 과정에는 셀 수 없이 많은 경로들이 존재하며, 그 중 어느 것도 미리 예정된 바 없다.

생성적 아이디어와 철학적 원칙

이 역시 상상의 또 다른 원천이었다. 존 로크부터 존 롤즈에 이르는 정치사상가들은 일련의 원칙을 세우고, 길잡이가 되는 몇 가지 아이디어가 유토피아까지는 아니어도 좋은 사회를 낳을 수 있기를 바랐다. 르네 카생이 제시한 보편적 인권이라는 아이디어는 분명 유토피아적이었지만 유엔 헌장에 반영되었다. 보편적 무상의료라는 웹스Webbs의 아이디어 역시 20세기 초에 제시된 지 40년 만에 현실이 되었다. 모든 이에게 동일한 규모의 탄소배출권이 주어져야 한다는 최근의 아이디어는 현재로서는 분명 유토피아적이지만, 미래에는 상식이 될 수 있다.

예시적 공간

미래 사회의 맹아를 보여주기 위한 공간을 말한다. 19세기 초 로버트 오언이 스코틀랜드에 건설한 뉴라나크는 가장 성공적인 사례였으며, 그가 다시 미국에 건설한 뉴하모니는 실패로 끝났다. 가장 최근의 사례로는 스리 오로빈도가 인도 남부에 건설한 오로빌Auroville이 있다. 이러한 공간들은 자기만의 규칙과 관행을 통해 미래 사회를 먼저 보여줌으로써 다른 이들에게 영감을 주고 세계 각지에서 모방되는 것을 목표로 한다.

예시적 프로그램

정치운동은 상상의 아이디어를 자신의 프로그램으로 채택하는 경우가 많았다. 예를 들어 1840년대 영국 차티스트 운동은 보통선거(남성)와 비밀선거를 요구했고, 1880년대 제2인터내셔널은 남녀 동일임금, 아동노동 금지, 하루 8시간 노동을 요구했다. 이러한 아이디어들은 매우 오랜 시간이 걸리기는 했지만 결국 실현되었다.

탐색적 사회과학Exploratory social science

한때 사회과학자들은 자신이 사회를 분석하기만 하는 것이 아니라 미래를 형성하고 설계할 수 있다고 생각했다. 이러한 정신을 바탕으로 19세기 말 런던정치경제대학교가 설립되었다. 예를 들어 H.G. 웰스는 "사회학은 이상적 사회, 그리고 이상적 사회와 기존 사회의 관계를 서술하는 학문"이라고 정의했는데, 오늘날 이에 동의하는 사회학자는 거의 없다. '경청 사회listening society'에 대한 한치 프라이나흐트Hanzi Freinacht의 아이디어는 여기서 부분적으로 예외인데, 그는 심리학적 성장을 중심으로 사회의 진보를 바라봤다(지난 세기 사회의 진보란 일상을 살아가는 것이 '더 온화하고, 더 섬세하며, 공정하고, 너그러워진다'는 의미였다).

탐색적 디자인

위의 관점은 최근 들어 탐색적 디자인[*]이 어느 정도 대신하고 있다. 이러한 접근은 보통 대학교 바깥에서, 슈퍼플럭스[**]의 앤서니 던Anthony Dunne, 피오나 라비Fiona Raby, 애넙 자인Anab Jain 등의 디자이너들의 작업을 통해 이루어지고 있다.

마을과 도시 비전

많은 코뮌들은 미래 사회를 구현하기 위해 노력했다. 19세기 미국에서 에티엔 카베나 헨리 데이비드 소로의 영감을 받은 코뮌들, 이스라엘의 키부츠가 그런 사례다. 에버니저 하워드의 《내일의 전원도시Garden Cities of To-Morrow》(한울, 2023)는 유토피아 소설에서 영감을 받았으며, 더 좋은 삶에 대한 총체적 비전을 19세기 도시의 대안으로 제시했다. 독일 남부 프라이부르크와 같은 최근의 생태마을들 역시 사회적 상상의 모델로서 비슷한 역할을 한다.[***]

감수성

조직적 형태가 아니라 새로운 감수성과 미적 감각을 키움으로

---

[*] https://www.nesta.org.uk/blog/speculative-design-a-design-niche-or-a-new-tool-for-government-innovation/

[**] https://superflux.in/#

[***] 데이비드 핀더(David Pinder) 등의 인물이 주도하는 '유토피아적 도시주의' 역시 현재 매우 활발한 분야다.

써 사회적 상상력을 촉진하고자 하는 운동들도 있었다. 이탈리아 파시즘에 영향을 미친 미래주의가 그런 사례다. 일부 생태주의 운동 역시 이와 같은 미적 감각과 윤리의 조합을 통해 영향력을 확보하고자 했다. 메타모더니즘 예술(페르모일런Vermeulen과 판데르아커van der Akker에 의해 발전되고, 아이러니와 풍자, 진실성과 취약성의 조합으로 정의됨) 은 사회적, 정치적 디자인의 방향 설정에 사용되었다.* 어쩌면 좋은 사회적 상상은 모두 사람과 사회의 현재 상태보다도 잠재력에 더욱 주목하는 감수성에서 시작하는 것일지 모른다.

새로운 관찰 방법

여러 과학적 발전은 새로운 관찰 방법이 있었기에 가능했다. 현미경, 엑스레이, 전자현미경 등은 세계를 이해하는 새로운 방식을 열었다. 사회도 마찬가지다. 통계적 방법론을 통한 빈곤 측정(그리고 라운트리Rowntree 빈곤조사 등)은 복지국가의 길을 닦았다. 새로운 질병지도 작성 방법은 공중보건 정책의 발전을 촉진했다. 1930년대 미국 공공사업진흥국이 작성한 구술사는 빈곤층의 목소리를 공적 영역에 포함시켰다. 이제는 사회적 세계를 새로운 방식으로 바라보는 새로운 데이터, 네트워크, 의미 분석semantic analysis의 홍수가 이와 유사한 혁신을 촉발할지도 모른다.

---

* 한치 프라이나흐트의 저작에서.

대규모 박람회

거대한 수정궁이 건설된 1851년 런던 만국박람회, 네온사인이 등장하고 2,700만 명이 방문한 1893년 시카고 만국박람회(폐회 직전 시카고 시장 암살사건에도 불구하고 지칠 줄 모르는 낙관주의를 보여주었다), 5,000만 명이 방문한 1900년 파리 만국박람회 등은 모두 미래 사회에 대한 아이디어를 담고 있었다. 2010년 상하이 엑스포, 2015년 밀라노 엑스포(환경과 식품이 주요 주제에 포함됨), 2020년 두바이 엑스포 역시 마찬가지였다. 다만 이러한 행사에는 언제나 국가와 기업의 후원에 따른 제약과 긴장이 존재한다.

미래지향적 정치운동

마르크스주의 전통은 미래 사회를 준비한다는 점을 강조했다. 마르크스 본인은 미래 사회가 어떤 모습일지에 대해 거의 말한 바가 없지만 말이다. 마르크스주의 전통의 일부 저자들은(에릭 올린 라이트 등) 이러한 접근법을 유지하기 위해 노력해왔다. 환경운동은 현재 이러한 전통을 더욱 적극적으로 이어가고 있으며, 탄소를 적게 배출하고 폐기물을 적게 남기는 미래의 식량, 에너지, 주거 시스템에 대한 선구적 아이디어를 활용하고 있다.

미래지향적 사회운동

퍼머컬처permaculture, 바이오해킹, 사이보그, 전환마을 등의 운동은 각자 다른 방식으로 미래 비전, 현재에 적용할 수 있는 방법론, 그리고 이를 전파하기 위한 옹호활동advocacy을 결합하고자 했다.

선도적 국가

어떤 국가들은 문화의 장기적인 효과에 따라 사회를 구조화하는 새로운 방식을 상상하고 선도할 수 있게 되었다. 필자의 가족은 뉴질랜드 출신이기에, 뉴질랜드가 그런 사례라고 본다. 뉴질랜드는 1890년대에 세계 최초로 여성을 포함한 보통선거권을 도입했고, 1930년대에 세계 최초로 현대적 복지국가가 되었다. 지금은 세계 최초로 '웰빙 예산'을 도입하는 등 선도적 움직임을 보이고 있다. 핀란드 역시 선도적 국가로 자리매김했다.

미래학

미래학은 미래의 가능성들을 제시하는 정도로 그치는 경우가 많았지만, 베르트랑 드 주브넬Bertrand de Jouvenel(퓨처러블Futuribles도 함께)과 가스통 베르제Gaston Berger('현재를 뒤흔들기 위해' 미래를 활용하고자 함) 등의 인물들처럼 상상을 장려하고자 하는 경우도 있었다. 또한 '이매진 랭커스터Imagine Lancaster*'처럼 대학 연구진이 상상을 촉진하는 사례도 있다.

---

* https://www.lancaster.ac.uk/lica/imaginationlancaster/

픽션과 시

어슐러 르권의 《빼앗긴 자들》(황금가지, 2002)과 렷 퍼킨스 길먼의 《허랜드》(궁리, 2020), 마지 피어시의 《시간의 경계에 선 여자》(민음사, 2010)를 비롯한 19세기의 여러 유토피아 소설들은 사회 질서가 서로 얼마나 다를 수 있는지를 대중에게 보여주는 데 큰 영향력을 발휘했다.* 최근에는 픽션이 기후변화 대책을 상상하는 데 어떤 도움을 주는지**, 그리고 유토피아적 사고에 어떻게 기여하는지*** 에 대해 훌륭한 분석이 이루어졌다.

시 역시 나름의 역할을 해왔다. 두 세기 전, 윌리엄 워즈워스는 우리에게 이렇게 말했다. "그들의 능력을 … 행사하도록 / 유토피아나 지하의 땅 / 비밀의 섬이나 신만이 알 법한 곳이 아니라 / 우리가 결국 행복을 찾거나, 결코 찾지 못할 / 바로 이 세상, 우리 모

---

* 이를 다룬 책으로 다음을 참조. 《미래의 고고학: 유토피아라 불리는 욕망, 그리고 다른 과학 픽션들*Archaeologies of the Future: The Desire Called Utopia and Other Science Fictions*》(Fredric Jameson, Verso, 2005).

** https://www.elementascience.org/article/10.1525/elementa.249/

*** 킴 스탠리 로빈슨(Kim Stanley Robinson)은 과학 픽션의 사회적 기능에 대해 이렇게 말한다. "과학 픽션은 일종의 미래 시나리오 모델링으로 볼 수 있다. 어떤 모델에서 특정한 역사의 방향이 현재부터 미래의 일정 시점까지 사고 실험으로 선택되는 것이다. … 지금 우리가 무엇을 하고 있는지, 또한 어디로 향하고 있는지, 그리고 결정적으로 어디로 가기 위해 혹은 가지 않기 위해 노력해야 하는지에 대해 사고하는 방법 중 하나다. 과학 픽션이 유토피아나 디스토피아를 그리는 것은 그런 이유에서다."

두의 세상에서."[*] 시는 현재도 자신의 역할을 하고 있다. 예를 들어 시인 데니스 리는 "더 좋은 나라의 처음을 사는 것처럼 일하라"는 유명한 문구를 남겼다.[**]

게임

심시티, 그리고 월드빌딩World-Building[***] 같은 방법들은 새로운 사회적 세계를 창조하고 그 내부의 동학을 탐구하는 경험을 제공한다.

실험예술

예를 들어 데이터, 인공지능, 미래도시('네오토피아' 작품 등)에 대한 서울의 아트센터 나비의 작품들은 분석적 방법으로는 어려운 새로운 상상의 공간을 연다.

---

[*] 전문은 다음과 같다. '이제 유순하고 고결한 자들이 / 마음의 열망을 실현시키도록 돕는 것과 / 원하는 대로 바꿀 수 있는 것을 손에 쥐었나니, / 그들의 능력을 행사하도록 부름받았다. / 유토피아나 지하의 땅, / 비밀의 섬이나 신만이 알 법한 곳이 아니라, / 우리가 결국 행복을 찾거나, 결코 찾지 못할 / 바로 이 세상, 우리 모두의 세상에서.' 《The Prelude, Book XI》(William Wordsworth).

[**] 《시민의 애가Civil Elegies》(Dennis Lee, Anansi, 1972). 스코틀랜드 의사당에 작품이 전시되어 있다.

[***] https://samhollon.medium.com/world-building-resources-what-they-are-and-which-ones-you-need-4bda6cea4a29

기업가 정신

기업가 정신 혹은 플로레스와 드레퓌스가 "새로운 세계들을 밝혀내는 일"[*]이라고 말하는 것을 통해 사회를 구조화하는 새로운 방식들을 발견할 수 있다(예를 들어 에어비앤비나 우버 같은 기업들이 제시하는 긍정적 또는 부정적인 암묵적 메시지에 대해 생각해보자).

새로운 방법으로 사회를 상상하고자 하는 이러한 시도 가운데 가장 뛰어난 사례들은 인류 역사의 최대 난제, 즉 '어떻게 자유와 공정성을 일정 부분 유지하면서 대규모로 협동을 조직할 것인가' 라는 질문과 씨름했다. 또한 미래에 실제 어떤 일이 일어날지에 대해 우리가 확신해서는 안 된다는 점을 인식하는 가운데, 사회 변화의 방향을 어느 정도 제시했다.[**]

---

[*] 《새로운 세계들을 밝혀내기: 기업가 정신, 민주적 행동, 연대의 배양Disclosing New Worlds: Entrepreneurship, Democratic Action, and the Cultivation of Solidarity》(Charles Spinosa, Fernando Flores and Hubert Dreyfus, MIT Press, 1999).

[**] 다음 세대에서 참혹한 세계대전과 혁명이 일어날 것이라고 1900년에 예상한 사람은 거의 없었다. 경제 호황, 대공황, 또 다른 세계대전을 1925년에 예상한 사람은 거의 없었다. 1960년대의 거대한 문화적 변화를 1950년대에 예상한 사람은 거의 없었다. 소련 붕괴, 개인용 컴퓨터, 인터넷을 1980년대에 예상한 사람은 거의 없었다. 거대한 금융위기나 포퓰리즘 권위주의의 부상을 2000년대에 예상한 사람은 거의 없었다. 상상으로 불확실성의 문제를 해결하지는 못한다. 그러나 어떤 방향으로 나아갈지 제시할 수는 있다.

3
사회적 상상을
촉진하는 방법

사회적 상상을 장려하고 촉진할 수 있는 방법은 무엇일까?

이 분야에서 연구 중인 여러 집단, 네트워크, 팀들에게 우리는 무엇을 배울 수 있을까?

도구와 기법

원칙적으로는 누구든지 유토피아 혹은 가능한 미래 사회를 서술할 수 있다. 문제는 이때 현재에 얽매여서는 안 된다는 것이다. 이를 위해서는 아직 존재하지 않는 사고를 진전시킬 수 있는 어떤 방법이나 공간, 지렛대를 찾아야 한다. 사회적 상상은 대부분 현재의 추세를 미래로 연장하거나(기술, 시장, 도시 등), 그 반작용을 그리거나, 혹은 추세의 결을 따라가는 동시에 그에 반하는 변증법적 조합을 흥미로운 방식으로 시도했다(이러한 사례는 뒤에서 다룬다).

이러한 작업에 적어도 부분적으로 유용하고 현재로부터 일정한 거리를 둘 수 있는 기법들은 다양하다. 월드빌딩*(픽션에 사용됨)은 과학 픽션을 위해 일관성 있는 환경을 창조한다(다만 사회적 측면보다 물리적 측면에 중점을 두는 경우가 많다). 프로젝트 하이어로글리프Project Hieroglyph**, 그리고 다양한 과학 픽션 작가 커뮤니티들의 작품처럼 픽션에서 재난과 긍정적 미래를 모두 그리기 위한 기법도 있다.****

미래연구 분야에는 시나리오, 시뮬레이션 등 유용한 기법이 많다. 3개의 지평선 프레임워크Three horizons framework****의 경우 제1지평선(현재의 시스템), 제2지평선(새롭게 등장하는 혁신), 제3지평선(급진적 가능성)을 연결하고자 하는 기법으로, 현재에서 미래로 향하는 경로에 대한 사고를 돕고, 우리가 무엇을 유지하고 무엇을 변화시키고자 하는지 질문하는 것이 목적이다. 존 로빈슨이 예측forecasting의 대안으로 제안한 백캐스팅backcasting은 바람직한 미래에 초점을 맞추고, 거기서부터 현재까지 필요한 단계들을 거꾸로 탐색하는 기법이다.

디자인에서 유래한 도구들도 많다(예를 들어 존 실리 브라운이 개발한

---

* https://worldbuilding.usc.edu/

** https://hieroglyph.asu.edu/

*** 예를 들어, 런던 과학 픽션 연구 커뮤니티(http://www.lsfrc.co.uk/).

**** https://www.internationalfuturesforum.com/three-horizons

도구들).[*] 또한 이와 상이하게 미래에 대한 과도한 일반화를 바탕으로 하는 지배적 관점에 얽매이지 않기 위해 장소와 맥락을 활용하는 접근법도 있다.[**] 전생요법Past-life Therapy을 미래에 접목함으로써 무의식을 활용하고자 하는 '미래에 대한 대중의 꿈'이라는 기법[***], 수전 롱Susan Long과 W. 고든 로렌스Gordon Lawrence의 사회적 꿈꾸기 작업social dreaming work[****]도 있다. 또한 기법이라고 말하기는 어렵지만 필자가 좋아하는 것으로, 캐나다 선주민들은 회합을 할 때 일곱 세대 이후 후손의 존재를 상상하고, 일곱 세대 이전 선조의 목소리를 상상해야 한다고 한다.

필자가 네스타를 위해 개발한 창의력 도구 역시 상상을 촉진하는 데 손쉽게 활용할 수 있는 도구다. 현재 존재하는 어떤 활동(아동 돌봄, 건물 디자인 등)을 대상으로 다양한 변화를 적용해보는 것이다. 예를 들어 기존의 관행 중 일부를 논리적 귀결에 따라 확장하거나, 새로운 요소를 접목하거나, 무작위로 다른 요소를 더하거나 뺄 수 있다.

---

[*] 다크매터랩스(Dark Matter Labs), 아틀라스오브더퓨처(Atlas of the Future), 도넛경제학액션랩(Doughnut Economics Action Lab), 컨스텔레이션(Constellations) 등 다수.

[**] Sandford, R., 〈위치화된 미래: 미래 내러티브에서 장소와 소속을 인정하다Located futures: Recognising place and belonging in narratives of the future〉, 《국제교육연구저널International Journal of Educational Research》, Volume 61, 2013, pp. 116125. doi.org/10.1016/j.ijer.2013.02.007

[***] 《미래에 대한 대중의 꿈Mass Dreams of the Future》(Chet Snow, Deep Forest Press, Crest Park California, 1989).

[****] https://www.routledge.com/Social-Dreaming--Work/Lawrence/p/book/9781855752092

∧	뒤집기
∫	통합
x	확장
ə	차별화
+	더하기
−	빼기
t	번역
g	접목
∞	과장

사회적 상상의 역사 상당 부분은 이러한 관점에서 해석할 수 있다. 많은 경우 기존의 아이디어를 그대로 밀고 나가는 확장extension에 해당한다. 다양한 사상들이 이러한 과정을 반복해서 경험했다. 급진적 우파 자유지상주의 사상의 상당 부분은 시장을 최대한 많은 분야에 적용하는 방식을 활용하거나, 차세대 신기술이 등장할 때마다 이를 이용해 스스로 조직하는 네트워크를 상상해왔다. 권리 개념이 활용될 수 있는 분야를 꾸준히 확장해 온 이들도 있다(권리 개념 자체도 인간의 고유성에 대한 신학적 아이디어를 확장한 것이다).

서로 다른 것을 접목하거나 조합하는 것도 생산적일 수 있다. 학교가 건강을 위한 공간이 되면 어떨까? 일터에 민주주의가 도입된다면 어떨까? 플랫폼 모델이 돌봄에 적용된다면 어떨까?

상대적으로 급진적인 접근법은 뒤집기inversion를 활용한다. 어떤 소액금융 프로그램들처럼 농민들이 은행을 운영한다면 어떨까? 환자가 의사가 된다면? 돌봄을 받는 사람들이 직접 사회적 돌봄을 제공한다면?[*] 청년이 노인을 가르친다면? 소비자가 메이커 maker가 된다면?

이러한 도구들은 아이디어를 빠르게 생산하는 기법으로 활용될 수 있다. 어떤 분야나 기능을 선택하고(농어촌 교통, 수목 관리, 유아교육 등) 가능성의 공간을 탐색하는 것이다.

창의력이 필요한 그 다음 작업은 이 상상들을 새로운 형태로 혼합하는 일이다. 이때 콜리지coleridge의 "통합적 힘esemplastic power," 즉 서로 다른 것을 조합해 하나의 새로운 것으로 통합하는 능력이 활용된다(여기서 콜리지는 셸링Schelling의 일체화Ineinsbilduing 개념을 차용했다).[**]

패턴을 중심으로 사고하는 방법도 있다. 크리스토퍼 알렉산더는 이를 "건축과 장소의 패턴 언어"라고 불렀는데, 패턴들을 다양한 방식으로 조합하는 것이다(다만 이를 사회적 구조화의 패턴 언어로 전환하는 데 성공한 이는 아직 없다).

또한 급진적 상상에 필수적인 거리두기와 낯설게 보기에 도움이 되는 것으로는 사고실험이 있다. 사고실험은 지배적 주류 사고에 도전하고 불편함을 수용할 의지를 가질 수 있게 해주기 때문이다.

예를 들어 소비의 증가를 장려하는 대신 육류 소비, 항공기 이

---

[*] TACSI의 '패밀리 바이 패밀리(Family by Family)' 프로그램과 같이.

[**] 《잃어버린 상상의 지식Lost Knowledge of the Imagination》(Gary Lachman). 콜리지는 공상과 상상을 대비하는 것을 좋아했다. 그에게 공상이 장식적이고 점진적인 것이라면, 상상은 진정한 창조적 행위였다.

용, 폐기물 발생을 용인하지 않는 사회적 규범을 통해 절약, 절제, 물질 소비의 감소에 집중한다면 어떨까? 이와 같은 접근법을 디지털 및 데이터에 적용한다면 어떨까? 평등한 권리를 우선시하는 대신 매우 상이한 신체적, 인지적 역량에 따라 서로 다른 권리와 차이에 집중한다면 어떨까? 자유를 최대화하는 대신 절제와 자기 규율을 미덕으로 권장한다면? 발언권을 동등하게 부여하려고 하기보다 노력해서 얻어내야 하는 것으로 바라본다면? 표현의 자유를 그 자체로 선이라 보는 대신 진실, 타인에 대한 민감성 같은 다른 가치에 의해 억제하는 방법을 찾는다면? 프라이버시권에 도전하고 급진적으로 투명성을 높인 사회를 추구한다면? '성스러운 것'이 다시 한 번 일상과 공간 이용의 중심이 된다면?

이러한 상상 연습은 우리가 현재의 주류적 사고를 더욱 분명히 바라보고 사회의 다른 가능성들을 창의적으로 탐색하도록 촉진할 수 있다.

상상을 촉진하는 이러한 훌륭한 기법들은 너무나 흔한 일차원적 상상에 제동을 건다. 예를 들어 급진적 자유시장과 자유지상주의적 사고는 인간 본성(자기 이익의 극대화)과 사회의 구조화(시장 거래)에 대한 단순한 모델을 가정하고 이를 무제한적으로 확장한다. 반대로 우정과 사랑을 확장하기만 하면 좋은 사회를 만들 수 있으리라 기대하는 희망적 사고도 있다. 이보다 유용한 종류의 상상 연습은 인간 본성의 복잡성과 모순을 인식하고, 이에 대처할 수 있는 제도와 체계를 상상하고자 한다. 이러한 기법에 익숙해질수록 일종의 규율이 있는 상상이 가능해지는데, 이는 악기나 그림을 배우는 것과 매우 유사하다.

이러한 기법들은 내러티브의 문제와 바로 연결된다:사회적 상상이 설득력을 얻기 위해서는 내러티브(서사)의 형태가 되어야 하는데, 좋은 내러티브는 단선적이거나 단순하지 않으며 짜임새와 복잡성을 가진다. 여러 19세기 유토피아 사상가들과 20세기 과학 픽션 작가들은 많은 대중에게 다가가는 데 성공했다. 1863년 러시아에서 출판된 니콜라이 체르니셰프스키의 《무엇을 할 것인가?》(열린책들, 2009)와 에드워드 벨라미의 《뒤를 돌아보면서》(지만지, 2009)는 모두 엄청난 베스트셀러였다. 따라서 현재의 과제는 학술지에 실릴 논문을 쓰는 것이라기보다 영화를 만드는 일에 가깝다. 어떻게 어려움을 극복해 세계를 더욱 건강하고 품위 있는 곳으로 만들 것인가에 대해 매력적이면서도 개연성 있는 스토리를 만들어내는 것이다.

제도: 상상할 수 있는 권한이 제도적으로 부여되는 경우도 있다. 핀란드 의회는 1992년 미래위원회를 설치했다. 헝가리 의회는 미래세대위원장을 임명했다. 이스라엘 의회에는 미래세대위원회가 있고, 영국에서는 지속가능발전위원회가 활동했다(2011년 폐지). 웨일스 지방은 2015년 '미래세대법'을 제정하고 미래세대위

원장이라는 새로운 직책을 만들었다.[*] 이탈리아 볼로냐에는 시민 상상청[**]이 있어 댄 락턴Dan Lockton의 상상실험실[***] 등 여러 사업이 진행 중이다. 싱가포르의 전략예측센터Centre for Strategic Foresight는 지난 10년간 정부의 핵심 가까이에서 상상의 공간을 제공했고, 두바이의 미래재단과 미래박물관은 인공지능, 정부, 윤리 등의 이슈에 관해 흥미로운 아이디어들을 탐색해왔다.

어떻게, 누가 상상할 것인가?

분명 누구에게나 상상할 수 있는 능력은 어느 정도 있다. 우리는 모두 존재하지 않는 것을 그릴 수 있는 능력을 가지고 태어났다. 그런데 사회적 상상은 고도로 전문화된 활동일까 아니면 민주적일 수 있을까? 약간의 도움만 받으면 누구든지 자신의 유토피아를 스스로 서술할 수 있는 것일까?

우리는 성실한 노동, 학습, 반복, 경험 없이는 설득력 있는 상상물을 창조하기 어렵다는 점을 예술을 통해 알 수 있다. 사회적 상상도 그렇지 않다면 이상한 일일 것이다. 사회적 상상에도 연습,

---

[*] http://futuregenerations.wales/about-us/future-generations-act/

[**] https://www.resilience.org/stories/2019-03-07/bologna-the-city-with-a-civic-imagination-office

[***] http://imaginari.es/dan-lockton

모방, 비평, 시행착오를 위한 자원과 시간이 투입되어야 한다. 실제로 사회적 상상은 다른 분야의 상상과 유사한 몇 가지 조건이 뒷받침되어야 한다.

• **연습, 시간, 반복** 상상의 미래 속 가능성을 떠올리고, 설계하고, 서술하기 위해서는 시간이 필요하다. 현재와의 거리두기를 위해서는 일상적 현실과 떨어진 침묵과 공간이 필요한 경우가 많다. '속성' 세미나나 토론 또는 소셜 미디어의 속도에 따라 압축적으로 진행될 수 있는 일이 아니다. 이는 커다란 제약이며 이러한 작업을 어떻게 조직하고 재정적으로 뒷받침할 것인가에 대한 현실적 문제가 뒤따른다.

• **환경** 다른 창의적 활동과 마찬가지로 개인과 팀은 논평, 비판, 동료와의 경쟁, 충분한 정보를 가진 관찰자의 피드백이 모두 제공되는 활기찬 환경에서 가장 성공한다. 간혹 등장하는 천재는 그러한 환경과 떨어져 있어도 상상할 수 있겠지만 어디까지나 예외일 뿐이다.

• **프로와 아마추어** 과거 특정 시대에는 창의적 생산의 도구를 이용할 수 있는 특권을 가진 소수만이 예술 작품을 생산할 수 있었다. 하지만 그러한 자원은 더 많은 이들이 참여할 수 있도록 어

느 정도 개방될 수 있고, 음악처럼 고도로 전문적인 활동도 생산
과 소비 모두에서 대중 참여와 공존할 수 있다.

• **다양성과 포용** 사회적 상상은 투자가 필요하다는 바로 그 이
유 때문에 상대적으로 부유한 이들이 지배하는 경향이 있다. 미래
학은 교육 수준이 높은 백인 남성들이 대부분 지배하고 있고 그들
의 세계관을 반영한다(다만 최근 과학 픽션은 페미니스트들에게 효과적인
수단이 되고 있다). 따라서 어떻게 사회적 상상의 공간을 다양한 목소
리와 경험에 개방할 것인가가 중요한 과제가 되어야 한다.

• **길 찾기 능력** 사회적 상상은 상당 부분 공간적 언어를 사용한
다. 유토피아란 '어디에도 없다'는 뜻이다. 우리는 앞을 내다보고
우리 앞에 무엇이 기다리고 있는지 상상한다. 미래로 향하는 길을
찾고, 경로를 탐색하고, 새로운 여정을 추구한다. 어떤 사회에서는
물리적 공간에서 이처럼 주변 환경을 세심히 살피고 더 좋은 길을
읽어내는 능력이 매우 높이 평가되고 경험을 통해 주의 깊게 학습
된다. 우리에게는 미래를 향한 관념의 여정을 위해 이와 유사한 세
심함이 필요한 것일지도 모른다.

• **침묵과 분리** 창의력이 연결과 환경에 의해 촉진되기는 하지
만 일정한 분리도 필요하다는 증거가 있다. 연결이 지나치게 많을

경우 독창성이 질식하거나 발전할 공간을 잃는 경향이 있기 때문이다. 생물학자 일리야 프리고진은 이에 대해 흥미로운 이론적 관점을 개발했는데, 이는 직관적으로 옳은 것으로 보인다. 소셜 미디어나 군중과 지나치게 연결되어 있을 경우 진정한 독창성보다 깊이 없는 순응이 강화된다는 것이다. 오늘날 많은 사상가들이 타인과 소셜 미디어에서 떨어진 조용한 휴식처에서 오랫동안 시간을 보낸다는 사실은 흥미롭다.

4
사회적 상상의
의미와 패턴

"상상은 지식보다 중요하다. 지식에는 한계가 있다.
상상은 세계를 일주한다."
– 앨버트 아인슈타인

사회적 상상 이해하기–어떤 패턴과 가설을 시험할 것인가?

사회적 상상을 생성하고 확산시키기 위한 수많은 노력들, 그리고 위에 서술한 여러 기법들은 어떻게 해석해야 할까? 어떤 아이디어들은 매우 분명하고 거대한 영향을 끼쳤다. 인권, 복지국가, 무상의료, 가든시티 운동 등이 그렇다.

돌이켜보면 괴상하고 별난 아이디어들도 있었다. 식품부터 의복까지 모든 것을 법으로 규정해 완벽한 청결과 대칭성을 달성하자는 카베의 주장이 그렇다(다만 모든 시민이 정부와 투표에 참여하고 위의 목적을 달성하는 데 필요한 팩트를 통계청이 제공한다는 구상은 상당히 통찰력 있는 것으로 보인다).

의식적으로 앞을 내다본 이들, 혹은 뒤를 돌아본 이들도 있다. 크로포트킨과 톨스토이(다른 귀족 출신 사람들도)는 공업과 도시에 반하는, 자발적 협동에 기반한 시골의 목가적 삶을 선호했는데, 이는 공업화가 이미 진행 중인 국가들의 인구 규모와는 양립할 수 없는 구상이었다.

사상의 진보와 확장에 대한 믿음으로 선견지명을 보여준 이들도 있다. 민주주의의 확산, 그리고 권리나 발언권 개념을 자연까지 확장하는 것이 그 사례. 이와 반대로 미셸 푸코 등은 소아성애를 옹호하면서 아동과의 섹스를 동성 간 섹스와 같은 폭넓은 범주로 묶었다.

그렇다면 이러한 패턴들은 어떻게 이해할 수 있을까? 오늘날 현대적 유토피아*와 미래학** 기법에 대한 저술은 매우 많다. 여기서 필자는 사회적 상상의 과거와 현재 사례들을 탐구하는 데 사용할 수 있는 몇 가지 가설을 제시한 다음, 바람직한 접근법에 대한 두 가지 폭넓은 결론과 함께 이 장을 마무리하고자 한다.

---

* 존 어리(John Urry)의 《미래란 무엇인가?*What is the future?*》는 좋은 개론서다. 에릭 올린 라이트(Erik Olin Wright)의 《리얼 유토피아*Envisioning Real Utopias*》(들녘, 2012)는 사회과학에 대한 훌륭한 비판을 담고 있지만, 흥미로운 유토피아적 사고를 제시하는 데는 놀랄 만큼 인색하다. 한치 프라이나흐트의 《경청사회》는 미래지향적 사회 비전을 수립하고자 하는 최근의 흥미로운 시도다.

** 예를 들어 리엘 밀러(Riel Miller)의 미래 문해력에 관한 다양한 저술을 참조. 유네스코, 《미래를 전환하다: 21세기의 예측*Transforming the future: anticipation in the 21st century*》 및 https://en.unesco.org/themes/futures-literacy.

• **열린 유토피아인가, 닫힌 유토피아인가?** 유토피아와 제안들은 열려 있을 수도, 닫혀 있을 수도 있다. 여기서 열려 있다는 것은 자세한 내용이 많지 않다는 의미이고, 닫혀 있다는 것은 완성된 프로그램을 제시한다는 의미다. 열린 유토피아는 많은 경우 최초 제안자의 의도와는 매우 다른 방식으로 수정, 변형되면서 살아남고 확산될 가능성이 높다. 자세한 청사진은 높이 평가받을 수는 있지만 사랑받지 못할 가능성이 높다.

• **사회기술적 시스템에 적합한가?** 사상, 환경, 사회기술적 시스템 간의 적합성은 분명 실제로 존재하는 문제다(지배적 기술 시스템은 어떤 사상이 확산될지 여부를 얼마나 결정하는가?). 19세기 말에 인기 있었던 중세 사상의 상당수는 이미 철도, 전화, 자동차를 바탕으로 세워진 사회의 논리와 너무나 동떨어졌을 것이다. 오늘날 우리는 탄소와 기후만이 아니라 어디에나 존재하는 데이터와 인공지능에 의해 어떤 한계가 설정될지 탐색해야 할 것이다.

• **차가운가 뜨거운가?** 가장 설득력 있는 상상은 감정의 뜨거움을 차가운 분석과 조합하고 이를 인지적, 정서적 측면에서 정합성 있게 통합한다. 교육수준이 높은 집단에서 이는 과학과 창의력의 역할이 모두 커진다는 의미다. 뜨거움은 기후붕괴 같은 부정적 미래를 피하기 위해서만이 아니라 질적으로 더 나은 대안의 매력을

통해 불러일으킬 수 있다(만자나 밀코라이트는 최근 저작에서 이를 훌륭히 탐색했다*).

• 의도한 대로 결과가 나오는가? 어떤 아이디어의 실현 가능성은 최초의 상상가imaginer가 목표한 것과는 희박한 연관성만을 지닌 채 현실화되었음을 역사는 반복해서 가르쳐준다. 헤겔은 이를 '이성의 간계ruse of reason', 혹은 역사라고 불렀다(예를 들어 중동에서 테러리즘을 뿌리 뽑기 위한 미국의 행동은 정반대의 결과를 낳았고, 공산주의를 무너뜨리겠다는 히틀러의 목표는 오히려 공산주의를 강화했다). 물론 비거니즘이나 호스피스 장려와 같이 있는 그대로 실현되는 아이디어도 있다. 이러한 현상에 대해서는 정치권력의 핵심 쟁점에 가까이 다가간 아이디어일수록 의도한 방식대로 현실화될 가능성이 낮다는 가설을 세워볼 수 있다.

• 타이밍은 적절한가? 혁신의 일반적인 패턴을 보면 타이밍은 대단히 중요하다. 어떤 아이디어를 보완하는 기술, 제도, 혹은 태도가 미리 존재하고 있어야 혁신이 가능하다는 것이다. 많은 사회적 아이디어는 그 실현을 위한 여건이 무르익기 훨씬 전에 상상되

---

* Manjana Milkoreit, 〈상상의 정치: 기후변화와 미래 만들기Imaginary politics: Climate change and making the future〉,《엘레멘타 인류세학Elementa Science of the Anthropocene》, Volume5,2017,p.62.DOI:http://doi.org/10.1525/elementa.249

었다.

• **경로의존성이 있는가?** 사회과학의 일부 학파는 경로의존성을
대단히 강조한다. 어떤 사회에 가능한 선택지는 지금까지 걸어온
경로, 그리고 그 경로가 사회의 제도와 신념체계를 어떻게 형성
했는지에 따라 크게 제한된다는 것이다. 반면 경로의존성을 중시
하는 관점으로 인해 사회가 스스로를 새롭게 발명할 수 있는 역
량을 잘못 평가하는 경우가 많다는 반론도 존재한다(동아시아 경제
는 유교에 뿌리를 두고 있어 정체될 수밖에 없다는 생각 등). 경로의존성에
서 벗어나기 위해서는 변화를 위한 강력한 사회적 합의, 그리고
여러 분야에 걸쳐 변화의 주체들을 조직할 수 있는 능력이 필요
할 것이다.

• **목적으로 향하는 수단은?** 미래사회를 서술할 뿐만 아니라 그
곳에 어떻게 도달할 수 있는지까지 보여주고자 하는 상상가들도
있다. 전위당과 혁명이 어떻게 구체제를 일소하고 새로운 체제를
위한 공간을 창출할 것인지 설명한 혁명가들이 이에 해당한다. 선
례의 힘을 믿은 이들도 있다. 로버트 오언은 뉴라나크를 통해 자
신의 공동체 모델을 보여주고 널리 알리면 다른 사람들을 설득할
수 있을 것이라 생각했다(물론 이는 매우 옳았다). 생각의 힘을 믿은
이들도 있다. 베스트셀러를 만들면 된다는 것이다. 이러한 발상들

은 오늘날 '변화 이론'이라고 불리기도 한다. 그러나 대부분의 유토피아에는 어떻게 이를 달성할 수 있는지에 대해 설득력 있는 설명이 없었고, 어쩌면 이는 별로 중요하지 않을지도 모른다. 역사는 최고의 아이디어를 실현하는 방법을 찾아내기 때문이다.

• **보완물이 있는가?** 상상의 아이디어에 임팩트가 있으려면 지지자를 모아야 한다. 또한 자신을 보완해주는 다른 아이디어나 기법과 잘 어울려야 하는 경우가 많다. 그 다음으로는 아이디어를 실행에 옮길 이들을 조직할 수 있어야 한다.

• **철학과 존재론과의 관계는?** 사회적 상상은 철학적 바탕이나 존재론, 다시 말해 미래에 어떤 종류의 사람들이 존재할 것인가에 대한 생각에 어느 정도 기반을 둘까? 과거 가장 큰 임팩트가 있었던 미래 비전 다수는 의식적으로 그러한 사상을 기반으로 수립되었다. 자유주의, 사회주의, 아나키즘 등이 그 사례다. 실현되지 않은 인간 잠재력에 대한 믿음도 있었고, 극단적으로는 인간이 신의 경지에 이를 잠재력이 있다는 믿음도 있었다. 기술 기반의 미래 비전이 만족스럽지 않은 이유는 이처럼 생명력을 불어넣는 아이디어가 빠져 있기 때문이다.

• **은혜**Grace 최고의 상상은 개선, 나아가 초월에 대한 비전을 제

시하는 것이라 할 수 있다. 우리가 더 살아있음을 느끼고, 더 인간적이고, 더 좋은 존재가 되는 방법을 설득력 있게 서술하는 것이다. 루스 레비타스는 은혜와 전일론holism을 조합하는 유토피아적 기법에 대한 저작에서 이를 흥미롭게 다뤘다.[*] 이러한 영성적 측면, 즉 미래에 무엇을 할 것인가만이 아니라 어떻게 존재할 것인가에 대한 탐색은 기술 중심의 주류적 미래 비전이 가장 놓치고 있는 부분일지 모른다. 모린 오하라Maureen O'Hara와 그레이엄 레스터Graham Leicester 역시 '미래의 인간'에게 필요한 역량에 관한 저작에서 이와 유사한 이슈들을 다뤘다.[**]

• **미학** 사회적 사상의 아름다움이 그 진실성과 관계가 있다고 믿고 싶은 사람도 있겠지만, 그렇게 볼 근거는 거의 없다. 하지만 사상의 아름다움(언어, 시각화, 감정적 공명에 모두 존재할 수 있는)은 분명 그 사상의 매력에 영향을 준다. 공유, 단합, 사랑, 조화, 균형, 자기조직화 등 더욱 심층적인 아이디어에서 힘을 얻는 사상, 혹은 단순함, 대칭성, 인과응보, 보편성을 제시하는 사상은 매력적이다. 위협/보호, 투쟁/극복/해방의 스토리, 혹은 사회적 팩트(예를 들어 국가)를 가족에 비유하는 스토리가 매력적인 것과 마찬가지다.

---

[*] 《방법으로서의 유토피아: 사회의 상상적 재구성Utopia as Method: the Imaginary Reconstruction of Society》(Ruth Levitas).

[**] https://www.triarchypress.net/dancing-at-the-edge.html

이러한 사상의 설득력은 일정 부분 미학적 형태에서 나오는 것일 수 있다. 그러나 우리는 미학적 매력에 지나치게 사로잡히지 않기 위해 비판적 역량을 활용할 필요가 있다.

• **낯설게 보기** 진정한 사회적 상상의 독특한 점은 현재를 거부하기 위해 현재를 인위적이고 부자연스러운 것으로 보는 방법을 배워야 한다는 점이다. 그래야만 현재의 절대화와 허위의식에서 해방될 수 있기 때문이다. 오늘날 상상에 대한 가장 큰 위협은 아마도 냉소적 세속주의일 것이다. 이러한 태도는 충격을 받지도, 불의에 분노하지도 않으며, 모든 것을 이해한다고 생각하지만 사실 자의적으로 구성된 '자연스러움'에 포획되어 있기 때문이다. 따라서 우리는 가장 급진적 사상은 일종의 거리두기 또는 낯설게 보기, 혹은 적어도 합리성을 잠시 유보하는 태도에 뿌리를 두고 있다는 가설을 세울 수 있다. 잘 알려진 것처럼 존 키츠Jonh Keats는 이와 관련해 "팩트와 이성에만 지나치게 신경을 곤두세우지 않고 불확실성, 미스터리, 의심 속에서" 상황에 대처할 수 있는 "부정적 역량"에 대해 쓴 바 있다.

미래의 당기는 힘과 예시적 현재의 미는 힘

앞서 제시한 사례들 중에는 유토피아 소설처럼 가능한 미래에 대한 매우 추상적인 서술도 있고, 사람들에게 영감을 주기 위한 마을이나 공동체처럼 매우 구체적인 예시도 있다.

사회적 상상에는 두 가지의 힘이 상호작용한다. 하나는 스토리나 설명을 통해 사람들에게 영감과 활력을 주는, 가능성 있는 미래의 당기는 힘이다. 다른 하나는 비옥한 현재에서 시작되는 미는 힘 혹은 전진하는 움직임이다. 현실 속에서 선택지들을 늘리고, 시험하고, 실험하는 작업을 말한다.

이 둘은 서로 매우 다른 사고방식이자 접근법이다. 상상적, 이론적 작업에는 모호성, 불확실성, 연관성의 포착, 설득력 있는 비전 수립 등이 포함된다. 지금까지 이는 예리함, 직관, 통찰, 우뇌적 사고 등으로 불렸다. 에른스트 융거는 표면 아래에 있는 것들을 볼 수 있는 능동적 관점은 일종의 '만능열쇠'와 같다고 말했다. 그런데 이러한 능력은 사회 영역보다 문학과 예술에서 훨씬 더 중시된다. 만약 이를 순수한 형태 그대로 사회에 적용한다면 파괴적 결과를 낳을 것이다. 순수한 지성의 산물은 실제 세계에서 작동하지 않기 때문이다. 프랑스 혁명기의 일부 사상들, 그리고 레닌주의의 상당 부분이 이에 해당하며, 폴포트의 캄보디아가 가장 극단적인 사례다. 최근 역사의 아이러니 중 하나는 신보수주의와 신자유주의 운동의 일부가 이와 비슷하게 사상의 힘을 과도하게 믿고 있다는 점이다.

아이디어의 당기는 힘을 보완하는 것은 새로운 것을 시도하고,

실험하고, 배우고자 하는 의지다. 최근 긍정적인 현상 하나는 정부 등의 기관에서 실험을 예전보다 훨씬 많이 활용하고 있다는 점이다. 네스타의 최근 조사*는 그러한 실험 방법 자체가 얼마나 다양한지 보여준다(한편 2019년 노벨경제학상이 뒤플로와 바네르지에게 돌아가면서 경제학자들이 추상적 연역보다 실제 세계의 실험에 더욱 집중할 것을 장려했다).

사회적 상상의 건강한 생태계는 이론적 발견, 분석적 지성과 실험 양쪽 모두를 조합해야 한다. 둘은 양자택일이 아니라 상호보완적 관계가 될 수 있다. 현재에서 출발해 앞으로 나아가며 길을 찾는 일은 가능성 있는 미래의 당기는 힘과 연결되고, 대안에 대한 능동적, 계획적, 의식적 상상은 되돌릴 수 있는 방식으로 이를 시험해보고자 하는 의지와 만날 수 있다.

이러한 조합은 분석을 통해서도 이루어질 수 있다. 오늘날 한 가지 이상한 점은 엄밀하고 체계적인 분석이 다른 분야보다 사회 영역에서 덜 중시된다는 점이다(특히 군사, 금융, 일부 대기업의 경우 대형 컨설팅 업체에 의한 분석이 활발히 이루어진다). 필자가 영국 정부의 전략국Strategy Unit을 이끌었을 당시에 150명의 연구원이 보육부터 에너지까지 다양한 시스템이 어떻게 발전할 수 있는지에 대해 중장기 심층분석을 실시했다. 또한 그 발전 방향을 설정하기 위해 상

---

* https://www.nesta.org.uk/report/experimenters-inventory/

상의 정책을 설계하고자 노력했다. 이는 학제적, 분석적, 정량적이어야 했으며 모델을 사용하고, 시나리오를 탐색하고, 이해당사자 커뮤니티와 대화하고, 정책 아이디어를 시험하는 작업도 진행되었다. 나아가 비전과 상상을 엄밀함과 결합시키기도 했다(물론 쉬운 일은 아니었다. 현실에서 동일한 사람, 팀, 조직이 엄밀하고 체계적인 분석과 급진적 상상을 모두 실행하면서 둘을 조합하는 것은 쉽지 않다*).

하지만 현재는 이런 작업이 거의 진행되지 않는다. 금융위기 이후 각국 정부는 이러한 공간을 대부분 비워두었다. 대규모 재단들은 시스템 변화를 자주 이야기하지만 이러한 작업을 수행하는 팀을 운영하거나 후원하는 곳은 없다. 대학교들은 대부분 관련된 역량이 없고 학문의 영역을 나누는 벽들이 걸림돌이 된다.

상상의 정치학

이 책이 제시하는 방법, 즉 상상과 실험의 결합은 지배적 정치 전통들에 여러모로 도전한다. 그 중 하나는 세상은 세상이 존재할 수 있는 유일한 방식대로 존재한다는 전통적 보수주의의 관점이다. 이는 역사와 변화에 의해 여러 차례 거짓임이 증명되었으며, 그러한 변화를 다시 되돌리고자 하는 이는 거의 없을 것이다(반면

---

* 예를 들어 맥킨지 같은 기업은 결코 새로운 아이디어를 생성하는 법이 없지만 다른 사람들의 아이디어를 활용하고 다듬는 데는 뛰어나다는 평가가 있다.

온건 보수주의는 주기적으로 새로운 아이디어를 채택할 필요성을 인정하며 실용적 실험에 우호적인 편이다).

필자의 방법이 도전하는 또 다른 전통은 의지와 상상에 의한 한 가지 행위를 통해 사회에 대한 새로운 한 가지 급진적 청사진이 실현될 수 있다고 보는, 상대적으로 순수한 유토피아주의 또는 근본주의적 관점이다. 필자의 방법은 또한 연역적 정치 전통에도 도전한다. 연역적 정치 전통이란 어떤 불변의 원칙을 수립하면 좋은 사회를 도출할 수 있다는 관점으로, 존 로크부터 존 롤즈에 이르기까지 자유주의에서 흔히 나타난다.

이와 달리 필자가 제시하는 것은 더 나은 세상을 의식적으로, 의도적으로, 반복적으로, 실험적으로 설계하고, 확장적 상상과 시스템 분석을 더하며, 실험을 통해 현실에 구현하는 방법이다.

변화의 결을 따르면서도 그에 반하는 변증법적 상상

필자의 주요 결론 두 번째는 변증법, 그리고 선형적 상상이 아니라 변증법적 상상의 방법을 배우는 일의 중요성과 관련된다. 이는 어떤 행동이나 새로운 디자인이 그 자체로 최종 도착점이나 유토피아가 되는 것이 아니라 자신의 새로운 동학과 새로운 과제를 만들어내는 과정을 사고하는 데 도움을 준다.

변증법적 사고는 양질 전환, 대립항의 상호 침투, 부정의 부정[*] 등 여러 가지를 의미할 수 있다. 그러나 핵심은 긴장과 모순이 존재하지 않기를 희망하는 대신 그것을 포착하고자 하는 역동적 사고방식이다. 이 또한 자유지상주의나 급진적 시장중심주의, 경직된 사회주의나 공동체주의의 단순한 일차원적 성격과 결정적으로 대비되는 지점이다.

필자의 제안은 지난 두 세기에 걸쳐 일어난 상상의 유형을 크게 세 가지로 분류하자는 것이다.

첫 번째는 변화의 흐름과 결을 따라가는 상상이다. 기술, 가치, 사회의 구조화에 이미 관찰되는 추세의 폭을 넓히거나 깊이를 심화하며 확장하는 것이다. 이러한 상상의 비전은 기존의 권력 집단, 혹은 새롭게 떠오르는 권력 집단의 이익, 가치와 일치한다. 전통적 자유주의 사상의 상당 부분이 이에 해당하며, 스마트시티 등의 이슈에 대한 최신 논의, '미래학' 대부분도 마찬가지다.

두 번째 유형은 변화의 결에 의도적으로 반하며 그 정반대 방향을 바라본다. 이러한 상상은 산업혁명 초기부터 낭만주의 사상, 급진적 생태주의 사상에서 흔히 나타난 것으로, 문명과의 연결을 차단하고 작은 마을로 돌아가 금욕적인 공동체를 만들고자 하거나, 과도한 중앙집중화에 맞서 급진적 분산화를 추구한다. 이슬람

---

[*] 변증법적 유물론에 대한 엥겔스의 유명한 정의다.

칼리프 국가를 새로 건설하자는 운동은 이에 해당하는 오늘날의 주요 사례다.

세 번째 유형은 변화의 결을 따르면서도 그에 반하는 상상이다. 19세기 마르크스주의가 이에 해당하는 것으로, 기술과 산업 구조화의 결을 따르면서도 대단히 다른 선택지를 제시했다. 마르크스주의는 자본주의에서 인간 협동의 거대한 도약을 발견하고 이를 대안적 방향으로 활용할 수 있다고 보았다. 그런 이유로 1920년대 테일러주의부터 20세기 말 포스트 포드주의까지 경우에 따라서는 최신 비즈니스 양식의 출현에 매료되기도 했다. 오늘날 일부 생태주의 사상은 과학, 데이터, 경제적 구조화의 새로운 형태를 최대한 활용하고자 한다는 점에서 이와 같은 접근법을 취한다.

필자의 전제는 이처럼 변증법적 성격이 큰 상상이 첫 번째, 두 번째 유형보다 훨씬 더 유용하다는 것이다. 변화의 모순적 성격을 포착함으로써 사회가 미래를 바꿀 가능성을 넓히고 범위를 새롭게 설정하기 때문이다. 실제 사회는 언제나 다수의 문화가 혼재된 '불순물'이다.* 과도하게 순수한 조직이나 사회는 빠르게 붕괴한다.

이와 같은 변증법적 사고를 하기 위해서는 기저의 추세를 감지

---

* 이에 대해 필자는 최근 저작 《사회 혁신Social Innovation》의 메리 더글라스에 대한 장 등 여러 곳에서 논의한 바 있다.

하는 능력, 비판적 사고력, 서로 다른 것들을 결합하고 섞는 능력 (이에 대해서는 제5장에서 설명한다), 이를 일관된 비전, 개념, 내러티브, 표현으로 다시 통합하는 능력이 필요하다.

5
네오토피아 _{Neotopia}

오늘날의 상상 – 우리가 사용할 수 있는 아이디어들

우리가 이러한 교훈을 바탕으로 중기적 관점에서 2030~2050년
의 개연성 있고 바람직한 비전을 수립하는 방법은 무엇일까?

우리는 기술의 대략적 발전 방향, 기후변화, 가치관의 변화, 그
밖의 장기적 추세에 대해 상당한 지식을 가지고 있다. 하지만 탐
색적 디자인이나 다른 영역의 방법을 사용해 선형적 추세를 넘어
사고할 수도 있다.

현대사회는 극단적 빈곤, 감염병과 조기사망에 대한 취약성, 일
상적 폭력, 억압과 착취의 위험 등 과거의 여러 문제를 해결하는
데 상당한 성공을 거뒀다. 그러나 새로운 문제에 마주쳤고 스스로

만들어낸 문제들도 당연히 있었다. 따라서 현재 우리의 과제는 새로운 심리적 빈곤, 경제적 불안정, 생태적 취약성, 디지털 허위정보 등 우리를 둘러싸고 새롭게 등장한 문제들의 해법을 상상하는 일이다.

물리학자 볼프강 파울리는 별 볼일 없는 이론에 대해 "너무 별로라서 거짓이라고 말할 수조차 없다"고 말한 바 있다. 참과 거짓을 판단할 수조차 없을 만큼 제대로 정의되지 않았다는 의미다. 좋은 이론이 항상 옳은 것은 아니다. 하지만 유용할 수는 있다. 유토피아는 틀리는 경우가 많지만, 틀리는 가운데 유용할 수 있다. 이러한 이유에서 필자는 매우 추상적인 아이디어보다는 적어도 따져보고 이견을 가질 수 있을 만큼 충분히 구체적인 아이디어에 특히 관심이 많다. 최근 미래학 연구의 상당수는 실망스러울 정도로 모호해 더 나은 미래를 설계하는 데 거의 도움이 되지 않는다. 필자는 가능한 것의 풍경을 우리가 함께 더욱 풍성하게 그려낼 수 있다면 이를 활용해 수많은 정치적 강령과 사회적 프로젝트들을 설계하고, 저항을 위해 우리에게 무엇이 필요한지 파악하는 데 도움을 받을 수 있을 것이라 기대한다.

사회적 가능성의 매트릭스 매핑하기

가능성 있는 미래의 공간을 그리기 위해서는 기능과 영역을 둘다 살펴봐야 하고, 다양한 영역에 영향을 미칠 수 있는 생성적 아이디어 또한 검토해야 한다. 필자는 미래 사회의 기초적 요소와 그 가능성을 탐색하기 위해 우선 기능과 영역을, 그 다음 생성적 아이디어를 다루고자 한다.

- **아동과 가족에 대한 돌봄**:가족이 더욱 분절되어 복잡한 형태로 변화한다면? 난자동결과 관련 기술의 발전으로 여성들이 출산 시기와 방법에 대한 통제력을 크게 높일 수 있다면?
- **노인 돌봄**:이 분야가 완전히 산업화된다면, 아니면 반대로 다시 커뮤니티의 기능에 포함되고 이웃들이 서로 제공하는 돌봄에 대해 보상을 받는다면?
- **에너지 시스템**:수소를 에너지원으로 사용해 급진적 분산화와 지역화가 가능해진다면, 아니면 에너지 생산이 건물 설계에 더 많이 통합된다면?
- **민주주의 의사결정**:급진적 형태의 배심원단에 의해 민주주의에서 진정한 집단지성을 실현할 수 있을까? (무작위로 선정된 배심원 200명에 의해 대부분의 결정이 이루어지는, 소설 《노몬 Gnomon》처럼)
- **미디어**:완전한 개인화, 지역 공론장의 부활, 다시 진실 파악에 집중하는 일이 실현될 수 있을까? (금융서비스에 대한 규제가 신뢰도, 보장 등을 강조하는 것처럼)
- **데이터와 기계 지능**:데이터가 새로운 데이터 신탁들에 의해

소유되어 큐레이션되고 공개적 책임성이 부여된다면? 기계 지능이 특정인의 소유물이 아니라면?

- **건강**:데이터, 자기관리, 인공 보철물, 다양한 삶의 형태에 대한 선명한 비전을 어떻게 바라봐야 할까? 신체적, 정신적 증강enhancement의 정치경제학에 대해서는? 건강이 도시 설계를 결정하는 일차적 기준이 된다면?

- **사회계약**:미래의 사회계약은 어떤 모습일까? 우리가 혼자 감당할 수 없는 리스크(실업, 고립, 질병, 장애, 정신질환 등)에 집중하게 될까? 행동과는 어떻게 연결되어 있을까? 새로운 형태의 보편적 소득, 서비스, 자산에 대한 권리가 존재할까?

- **동물**:인간과 동물의 관계를 급진적으로 재발명한다면? 육식을 금기시하고 인간의 개입으로부터 보호되는 자연보호구역을 다시 만든다면?

- **기업**:새로운 조직 모델, 예를 들어 여러 가지 목적이 DNA에 내재되어 있는 비콥B-Corp과 같은 사회적기업이 주류가 된다면? 직원들의 발언권이 조직 운영의 중심이 된다면?

- **투자**:만약 투자자들이 가격뿐만 아니라 가치를 체계적으로 적용해 자신의 돈이 어디에 사용되는지에 영향을 미친다면?

- **과세**:디지털과 토지 모두에 과세하는 전환이 어떻게 이루어질지 서술할 수 있을까? (오래된 아이디어를 재활용하는 흥미로운 사례로, '헨리 조지의 귀환')

- **초국적 거버넌스**:세계정부라는 오랜 꿈은 2000년 전후에는 시대착오적으로 보였으나, 21세기 후반부에는 불가피할 수 있다. 세계정부는 어떤 모습을 띨 것인가? 사이버 안보, 난민, 탄소배출 감축에 집중할 것인가?

생성적 아이디어

우리는 여러 분야에 의미 있는 흥미로운 생성적 아이디어들을 살펴볼 수 있다.

- **재산권의 해체**:건물이나 기업의 소유권이 다양한 권리와 책임의 집합이라면?
- **새로운 소셜 피드백과 크레딧 시스템**: 현재 여러 국가는 중국의 소셜 크레딧 시스템社會信用体系을 모방하고 있다. 하지만 완전한 법적 강제력이 부여되는 것과 기존의 상업적 신용제도 사이 어딘가에 위치한 피드백 시스템을 상상하는 방법은 매우 많다.
- **자연에 대한 법적 권리 부여**:동물, 자연, 생태계에 일종의 권리와 법적 권한을 부여한다면?
- **알고리듬 및 실체적 사실과 연동된 금융시장**:어떤 자산군의 가치가 탄소 배출량, 삼림파괴의 정도, 실내 공기질 등 실체적

사실과 직접 연동되도록 설계할 수 있을까?

- **제곱투표**quadratic voting**와 제곱 금융모델**:이러한 모델은 기존 모델의 대안으로 더욱 주류화될 수 있을까?

- **이중경제와 병행화폐**parallel currency:예를 들어 노동시간 단축과 기대수명 증가의 조합으로 엄청나게 자유로워진 시간을 구조화하는 데 사용할 수 있다.

- **토지, 주거, 에너지, 데이터 커먼즈의 확산**:이러한 커먼즈를 구조화하는 최선의 방법은 무엇일까? 새로운 민주적 형태가 반드시 필요할까?

- **진정한 공유경제**:주택, 자동차, 재화에 대한 공유경제는 어떻게 작동할 수 있을까? 이에 대한 세제혜택은 무엇이 가능할까?

- **새로운 복지모델**:보편적 기본소득, 보편적 기본서비스, 그 밖의 대안(예를 들어 중앙은행이 평생 소득을 담보로 대출을 실행하는 것)

- **자동화된 의사결정 도구**:마을계획 수립 등을 위해

- **실험실로서의 사회**:공중보건, 실험주의, 전통적 리빙랩 모델을 넘어서기

- **안전판 설계**fallback designs:하이테크 시스템이 중단될 경우를 대비해 로우테크low technology 대안을 유지하기(전통적 라디오 네트워크, 전력망과 분리된 시스템, 로컬푸드 등)

이처럼 긴 목록을 작성한 것은 사회적 상상에 대한 더욱 풍부한 논의 속에서 우리가 채워갈 수 있는 공간들을 예시하기 위해서다.

물론 특정 분야에만 지나치게 집중하거나 보편적으로 적용 가능한 생성적 아이디어에 지나치게 집중하는 경우 리스크가 존재한다. 전자는 과도하게 보수적이고 조심스러운 태도이고, 후자는 과도한 추상화와 잘못된 결론으로 이어질 수 있다(몇 개의 원칙으로부터 연역되는 사회는 없기에). 따라서 다양한 분야를 살펴보는 가운데 그들을 가로지르는 거대한 개념과 사상을 함께 사고하는 것이 좋다. 최근 몇 년간 권리 개념이 크게 확장된 것, 플랫폼을 통한 구조화 개념이 여러 분야에 영향을 미친 것, 탄소배출 제로와 순환성 개념이 그런 사례다. 우리는 여기에서 매우 상세한 청사진과 매우 추상적인 가능성 사이에 존재하는 구체적 아이디어를 생성해낼 수 있고, 이에 대해 질문을 던져볼 수 있다. 구조/메커니즘에 대한 서술이 충분히 명료한가? 어떤 목적이나 필요를 충족하는지는 명확한가? 권력과 경제의 맥락 속에서 어떤 위치를 차지할 것인가?

필자는 그 중에서도 집단적 지성과 지혜를 진지하게 생각하는 사회적 상상에 특히 관심이 많다. 21세기 최대의 기회 중에는 새로운 종류의 커먼즈를 만드는 일이 많았다. 데이터, 통찰, 아이디어를 한데 모으고, 분절된 커뮤니티를 실시간으로 작동하는 공유 지성으로 전환시키며, 필자가 "지능의 어셈블리intelligence assemblies"

라고 부르는 것 속에 관찰, 창의성, 학습이 모두 서로 연결되는 일 말이다.

이는 사회적 삶의 거의 모든 분야에 적용될 수 있는 '메타 아이디어'다. 어떤 도시가 예를 들어 대기의 질에 대해 통합적으로 사고할 수 있다면 어떨까? 국가 전체의 일자리와 역량 시스템이 살아 있는 집단지성이 될 수 있다면 어떨까? 예를 들어 아동에 대한 사회적 돌봄 같은 직종이 실시간으로 지식, 데이터, 실험, 통찰을 공유하는 집단지성이 될 수 있다면 어떨까? 그리고 이러한 어셈블리들이 데이터, 정보, 지식을 거쳐 시간, 장소, 사람의 구체성과 온전히 연결된 진정한 지혜가 되는 방법은 무엇일까?*

코로나19와 상상의 가속화

코로나19는 과거의 여러 위기나 전쟁과 마찬가지로 상상의 가속화를 촉진하고 있다. 필요는 발명의 어머니이며 때에 따라 상상의 어머니이기도 하다.

가속화되는 상상의 일부는 국가의 작동 방식에 관한 것이다. 예를 들어 분석, 추적, 예측을 위해 데이터를 훨씬 더 적극적으로 사용하는 것인데 싱가포르, 한국, 이스라엘, 대만이 대표적인 국

---

* 필자는 책 《빅 마인드Big Mind》에서 지능의 어셈블리 개념을 탐색하고 지능과 지혜의 관계에 대해서도 논의한다.

가이다. 이러한 상상은 데이터가 연동되면서도 남용되지 않도록 하는 새로운 거버넌스 체제의 설계를 가속화할 수 있다.

코로나19 기간에는 고립된 이들과 취약한 노인을 지원하기 위한 커뮤니티 프로젝트들이 주로 소셜 미디어 플랫폼을 활용해 폭발적으로 생겨났다. 또한 기업과 대중 사이에서 보편적 기본소득과 대규모 대출 시스템 등 대규모 복지 시스템의 설계에 관한 생각을 촉진했다. 교육이 상당 부분 온라인에서 진행됨에 따라 교육 분야의 혁신도 극적으로 가속화되었다.

필자는 향후 몇 달간 이러한 혁신과 그 영향을 추적할 계획이다 (장기적 영향에 대한 필자의 견해를 여기[*]에 처음으로 정리했다). 코로나19 사태가 통제의 영역에 들어오게 되면 우리는 새로운 질문들로 주의를 돌리게 될 것이다. 코로나19 대응으로 개발된 혁신은 다른 문제에 어떻게 적용될 수 있을까? 자연히 기후변화가 대표적 사례일 것이다. 코로나19라는 급박하고, 가시적이며, 치명적인 위기 속에서 대단히 많은 조치가 있었던 것을 생각할 때, 데이터 및 추적, 행동 변화, 국가에 의한 새로운 형태의 지원 등과 비슷한 도구들을 사용해 탄소 배출을 줄이고 탄소 제로 경제로 전환하는 과정을 가속화할 수는 없을까?

---

[*] https://www.geoffmulgan.com/post/how-not-to-waste-a-crisis-possibilities-for-government-after-covid-19

6
사회적 상상에 대한
이론적 관점

답변되지 않은 이론적 질문

사회적 상상에 대한 이론적 검증은 그다지 많이 이루어지지 않았다. 사회적 상상은 어디로부터 오는가? 어떻게 작동하는가? 이러한 이론적 질문 중 일부는 사회이론의 오랜 딜레마와 겹친다. 예를 들어, 상상은 변화에 어느 정도 선행하는가, 상상은 새롭게 떠오르는 현실을 어느 정도 반영하는가와 같은 '관념론 대 유물론'의 오랜 숙제가 있다. 또한 상상이 허용되는 범위는 어디까지인가, 모든 사회적 제도가 어느 정도는 집단적으로 상상된 것임을 받아들인다면, 이는 유연성이 크다는 의미인가 같은 질문들도 있다. 이 장에서는 중요한 이론적 질문 몇 가지를 간략히 다룬다.

사회변화에 대한 '관념론적' 이론

이 책에는 사회변화에 대한 '관념론적' 이론이 전제되어 있다고 할 수 있다(철학적 의미에서). 사상이 기저의 기술적, 경제적 힘으로부터 상당한 자율성을 가지고 있으며, 실제로 사회를 변화시킬 수 있고, 사상 외에는 무엇도 그러한 힘을 가지고 있지 않다는 관점이다. 사상에는 일정한 한계가 있지만(물질적, 생물학적 한계 등), 한계는 미리 정의하기 어렵고 과장되는 경향이 있다(우리는 사회적 구조를 실제보다 단단하고 자연스럽게 보는 경향이 있기 때문에).

인간의 모든 제도적 현실은 상상에서 시작한다. 철학자 존 설이 지적한 바와 같이, "사유재산, 결혼, 정부의 존재에는 상상이라는 요소가 존재한다. 각각의 경우 무언가를 본질적이지 않은 것으로 취급해야 하기 때문이다. … 아동은 이러한 이중적 차원의 사고 능력을 일찍부터 획득하며, 이는 제도적 현실의 창조와 유지의 특징이다. 어린아이들은 서로에게 '내가 아담할게, 너는 이브해. 그리고 이 블록은 사과라고 하자'라고 말할 수 있다."[*]

다시 말해 우리는 상상할 수 있도록, 그리고 많은 이들이 진정

---

[*] 《사회적 세계의 형성*Making the Social World*》(John Searle), p. 121.

으로 믿고자 한다는 이유만으로 새로운 현실을 만들 수 있도록 태생적으로 설계되어 있다. 이는 우리가 공유하는 상상이 새로운, 공유하는 현실을 만들 수 있다는 의미이기도 하다. 그러나 상상의 아이디어가 사회 변화로 이어지기 위해서는 많은 이들에게 공유되어 집단지성의 일부가 되어야 한다(이는 갈수록 추적하고 측정하기 쉬워지고 있다). 흥미롭게도 이를 위해서는 특정한 현실을 주장하는 언어적 형태를 취해야 하고 관습 속에 자리 잡을 필요가 있다.

필자는 또한 상상의 아이디어가 가장 널리 퍼지기 위해서는 이를 보완하는 아이디어, 개념, 테크닉을 통해 '살이 붙어야' 한다고 주장한다. 자기 혼자만 멀리 퍼져나가는 아이디어는 거의 없다. 마찬가지로, 상상의 아이디어가 임팩트를 가지기 위해서는 실행할 수 있는 역량을 동원해야 한다(사회 변화는 1%의 영감과 99%의 노력으로 이루어진다고 말할 수 있다). 이러한 과정 속에서 아이디어들은 기존의 시스템에 접목된다.

동일임금이라는 아이디어가 좋은 사례다. 동일임금은 19세기 중반부터 사회주의 정당들에 의해 주장되었고, 궁극적으로 다양한 법률, 규제, 기타 수단을 동원해 실행되었다. 보편적 기본소득은 현재 전환을 겪고 있는 사례로, 기존 시스템에서 적절한 자리를 찾기 어려웠으나 코로나19 사태로 인해 도약의 가능성이 높아지고 있다. 마찬가지로 순환경제 개념은 현재 기존의 역량(생산 엔지니어링, 공급망 설계, 프로젝트 관리 방법 등)을 동원하는 동시에 그에 접목되고 있다. 각 사례에서 우리는 상상이 실물 시스템과 함께 진화하는 모습을 볼 수 있다.

의식의 역할과 그 진화

사회적 상상에 관해 가장 까다로운 이론적 이슈는 의식, 즉 사람들이 생각하고 느끼는 방식일 것이다. 사회는 사람들이 생각하고 느끼는 방식을 형성하고, 이는 사람들 사이에서 벌어지는 가해와 폭력을 통해서든, 협동과 관용의 습관을 통해서든 다시 사회의 작동에 영향을 미친다.

한 가지 유용한 전제는 급진적 사회적 상상이 언제나 의식의 일정한 전환을 수반하고 더욱 윤리적이고, 풍부하고, 깊이 있고, 폭넓은 의식으로 일정한 진보를 이룬다는 것이다. 역사를 돌아보면 거대한 변화는 관점의 변화였다. 사람들이 새로운 연관성을 발견하고, 이방인과 적에게 공감하고, 다양한 집단을 단지 수단이 아니라 목적으로 삼아 존엄성과 존중할 가치를 보게 되면서 변화가 시작되었다.

어슐러 르귄의 《빼앗긴 자들》에 등장하는 한 인물의 연설은 이와 유사한 취지를 보여주며, 물질적 부는 적지만 진보한 의식을 가진 사회의 기본 틀을 제시한다. "우리에게 개인 간의 상호부조라는 하나의 원칙 외에 법은 존재하지 않습니다. 우리에게 자유로운 결사라는 하나의 원칙 외에 정부는 존재하지 않습니다. … 여러분이 미래를 찾는다면, 빈손으로 미래 앞에 다가가야 한다고 말씀드립니다. … 우리는 혁명을 살 수 없습니다. 우리는 혁명을 생산할 수 없습니다. 우리는 혁명이 될 수 있을 뿐입니다. 혁명은 그 어디에도 없으며, 오직 우리의 정신 속에 있습니다."*

사회 진보에 있어 의식과 정신의 중요성은 과도하게 분석적, 점진적이거나 증거기반 접근법이 사회적 상상을 이해하는 데 별로 유용하지 않음을 보여주는 결정적 근거가 된다. 왜냐하면 의식에 임박한 변화의 실물적 증거는 사실 그 정의상 존재할 수 없기 때문이다.**

그러나 이러한 전환은 언제나 일어난다. 거기에는 관점과 규모의 변화가 수반되는 경우가 많다. 우리 자신의 삶을 역사, 지리,

---

* 이 연설의 전문은 다음과 같다. "우리에게 개인 간의 상호부조라는 하나의 원칙 외에 법은 존재하지 않습니다. 우리에게 자유로운 결사라는 하나의 원칙 외에 정부는 존재하지 않습니다. 우리에게는 국가, 민족, 대통령, 수상, 우두머리, 장군, 상사, 은행가, 건물주, 월급, 자선, 경찰, 군인, 전쟁도 없습니다. 우리는 그 밖에도 별로 가진 것이 없습니다. 우리는 소유하지 않고 공유합니다. 우리는 부유하지 않습니다. 누구도 부자가 아닙니다. 누구도 권력자가 아닙니다. … 여러분이 미래를 찾는다면, 빈손으로 미래 앞에 다가가야 한다고 말씀드립니다. 아이가 세상에 나올 때, 미래로 나올 때, 어떠한 과거도 없이, 어떠한 재산도 없이, 타인들에게 자신의 생명을 전적으로 의지하듯이, 여러분은 혼자서, 벌거벗은 채 미래에 다가가야 합니다. 여러분은 주어지지 않은 것을 가질 수 없으며, 자신을 내주어야 합니다. 우리는 혁명을 살 수 없습니다. 우리는 혁명을 생산할 수 없습니다. 우리는 혁명이 될 수 있을 뿐입니다. 혁명은 그 어디에도 없으며, 오직 우리의 정신 속에 있습니다."

** 이러한 의식의 전환을 이해하고자 했고, 의식의 전환에 대한 가장 큰 기여자인 루소는 이를 위해 "인간의 모든 열정을 숙고할 수 있지만 그것을 직접 느끼지는 않는 뛰어난 지성"이 필요하다고 말했다(《전집Oeuvres Complete》, p. 381)

문화라는 더욱 폭넓은 맥락에서 바라보는 것이다.

이와 같이 더 큰 지금, 더 큰 '여기'라는 개념은 의식의 각 단계마다 과거와 미래 모두가 우리 삶에 어떤 영향을 미치는지에 대한 인식의 제고를 통해, 먼 미래의 이방인들에 대한 인식의 제고를 통해, 타인과의 더욱 상상력 있는 공감을 통해, 우주와 미시세계, 나노세계의 광활함에 대한 인식의 제고를 통해 발견할 수 있다.

20세기 중반 장 겝서Jean Gebser의 영향력 있는 작업과 같이 어떤 이론가들은 선형적 진화를 주장한다. 겝서의 작업을 바탕으로 뉴욕 유니언칼리지의 클레어 그레이브스는 나선역학Spiral Dynamics*이라는 아이디어를 처음 개발했고, 이는 돈 벡Don Beck**과 크리스 코완Chris Cowan에 의해 한 발 나아갔으며, 켄 윌버***는 여기에 '통합이론Integral Theory'****이라는 이름을 붙였다. 이후 프레데릭 라루의 책 《조직의 재창조Reinventing Organizations》(생각사랑, 2016)는 이러한 아이디어를 더 많은 대중에게 소개했다.

이들은 수천 년에 걸쳐 의식의 단계들(각기 색깔로 요약됨)이 차례로 주류가 되면서 선형적 진보가 이루어졌다고 설명했다. 이들

---

* https://www.amazon.com/Spiral-Dynamics-Mastering-Values-Leadership/dp/1405133562/ref=sr_1_1?s=books&ie=UTF8&qid=1436820933&sr=1-1&keywords=spiral+dynamics&pebp=1436820935187&perid=1ZHBD02Y5P85EGFPAEYJ

** https://spiraldynamics.org/shop/spiral-dynamics-mastering-values-leadership-change/

*** https://en.wikipedia.org/wiki/Ken_Wilber

**** https://en.wikipedia.org/wiki/Integral_theory_(Ken_Wilber)

의 모델에서 오래된 아이디어(예를 들어 범죄조직이나 길거리 범죄에서 살아남은 '빨강색' 아이디어, 혹은 종교조직과 국가의 '호박색' 아이디어)는 그간 진보의 방향이 더욱 큰 자기조직화, 자신과 조직의 더 나은 통합, 총체적 사고, '녹색'에서 '청록색'으로의 현대적 전환을 향하고 있음에도 사라지지 않고 살아남는다. 진보에 대한 이러한 설명은 이 밖에도 많다. 그 중 가장 흥미로운 것은 마이클 커먼스Michael Commons의 '계층적 복잡성 모델Model of hierarchical Complexity'로, 의식에 의해 처리되는 과업의 복잡성을 주로 다룬다(가장 위의 '교차패러다임 Cross-paradigmatic'까지 총 15단계가 있다).

이러한 설명은 증거나 과학적 뒷받침이 부족하기는 하지만 매력적인 부분이 적지 않다. 다양한 사회와 문화에서 무엇이 지혜롭다고 간주되는지 이해하고자 하는 지혜연구wisdom studies의 주장 다수와 일맥상통하는 부분도 있다. 그러한 관점에서 역사적 진보로 간주되는 것은 과거에 사상가들이 개인의식의 진보로 바라봤던 것, 그리고 마음챙김의 전통(자신과 타인을 더욱 정확히 인식할 수 있도록 하는 습관의 배양을 장려하는)과 유사하다.

또한 새로운 사고방식들이 아주 작은 집단에서 등장하고 한동안 주변부에 머물다가 그 중 일부가 확산되어 주류가 된다(대부분은 사라진다)는 설명 또한 이러한 관점에서 올바른 부분이다.

그러나 여기에는 창안자 자신의 가치관을 일반화하거나 미래의 규범으로 채택하는 경향이 있다는 점, 그리고 창안자가 가장 위에 존재하는 위계를 설정한다는 점에서 결함이 있다. 이러한 관점은 맥락이 어떻게 다양한 가치들을 장려하고 요구하는지를 과소평가하고, 생물학과 사회적 구조화 사이의 대단히 복잡한 상호작용에 관해 알려진 바를 무시하는 경향이 있다. 또한 이러한 관점은 관습이 형성되는 가운데 어떻게 실천이 때로는 의례라는 형태로 존재에 영향을 미치는지에 대해 놀라울 정도로 거의 말하지 않는다(존재가 실천에 선행하는 경우도 많지만).*

여기서 우리는 불편한 상황에 놓인다. 필자는 이러한 관점의 창안자들이 좋은 질문을 던지고 있고, 새로운 통찰을 일말이나마 제시하고 있다고 본다. 사실 사회적 상상을 진지하게 바라보면서 그에 수반되는 의식의 진보에 대해 어떠한 관념도 없다는 것은 불가능한 일이다.

하지만 이러한 이론이 제시하는 해답은 충분치 않다. 뭔가를 바라보고 사고하는 방식이 진화한다는 사실은 분명하다. 또한 더욱 복잡하고, 밀도가 높고, 지식 집약적인 사회의 가치들은 상대적으로 그렇지 않은 사회의 가치들과 다를 것이다. 나아가 집단적 지성과 지혜에 대해 논의하는 것이 의미 있음도 분명하다. 사회적 상상을 진지하게 바라본다면, 사람들이 여러 차원에서 바라보고, 해석하고, 판단할 수 있도록, 복잡하고 다차원적인 과업을 해결할

---

* 이에 대해 잘 정리된 최근작으로는 예를 들어 다음을 참조: Mark Moffett, Human Swarm, Head of Zeus, 2019(《인간 무리》, 김영사, 2020).

수 있도록, 이해의 폭뿐만 아니라 깊이를 더할 수 있도록 의식이 어떻게 진화하는지에 대한 관점도 채택해야 한다.

그러나 아직 존재하지 않는 사고방식을 상상하는 일은 어떤 사회에서든 쉽지 않을 것이며*, 현재의 가치들 중 무엇이 정말로 미래의 전조인지 선별해낼 검증된 방법은 없다는 점도 명백하다.

따라서 우리는 유토피아들이 아직 생각해내지 못하는 것을 포착하고, 고정관념에서 자유로워지기 위해 낯설게 하기와 꿈꾸기를 연습하고, 과도하게 깔끔한 선형적 역사이론의 매력에 저항하기 위해 많은 노력을 해야 한다.

한계와 동형화의 역할

상상은 어디까지 갈 수 있을까? 사회는 얼마나 다양할 수 있을까? 필자는 앞서 아이디어의 자율성을 강조하는 '관념론적' 접근법을 제시했다. 하지만 역사적으로 서로 다른 사회들을 비슷한 방향으로 끌어당기고 사회적 상상에 한계를 제시하는 동형화 또는 수렴진화convergent evolution의 경향이 강하게 나타났다는 데는 의문의 여지가 없다. 예를 들어 콜럼버스가 아메리카 대륙에 도착하기 전

---

* 의식이 정의된 단계에 따라 선형적으로 진보한다는 주장에는 여러 결함이 존재한다. 증거가 거의 존재하지 않으며, 상호 모순이 매우 많다는 점이 대표적이다. 그러한 모순 중 일부는 필자의 책 《빅마인드Big Mind》의 마지막 장에서 정리했으며, 자이드 하산(Zaid Hassan)의 강렬한 리뷰(https://social-labs.org/is-tealthe-new-black/)도 이를 지적하고 있다.

에는 대서양 양쪽의 문명들이 최소 1만 5,000년 동안 완전히 분리되어 있었지만, 이후에는 정부, 도시계획, 학교, 세금, 종교조직, 도로, 글쓰기, 노예제 등을 포함하는 매우 유사한 형태를 띠게되었다. 이러한 요소들 중 다수는 규모의 문제, 즉 식량, 주거, 물, 에너지, 교통수단이 제공되는 대규모 정착지를 어떻게 구조화할것인가에 대한 실용적 해법으로 이용되었고, 특정한 기술 발전 단계에서 이러한 해법의 선택지는 제한될 수밖에 없다.

지금도 서로 매우 다른 것처럼 보이는 사회들 사이에는 사실 공통점이 많다. 북한의 상당 부분조차 수십 개의 다른 국가들과 크게 달라 보이지 않으니 말이다. 이는 2100년에도 마찬가지일 수 있으며, 데이터와 발전된 인공지능으로 가득한 사회를 구조화하고, 탄소와 폐기물 배출을 급격히 줄이기 위해 행동을 관리하고, 대규모의 노인 인구를 돌보는 안정적인 방법은 몇 가지에 불과할지 모른다.

명백한 한계들도 적지 않다. 우선 생태적, 물질적 한계가 있다. 어떤 사회도 물리법칙을 거스를 수 없고 천연자원은 제한된 시간동안만 추출할 수 있다. 인간의 본성은 유연하고 유동적일 수 있지만(예를 들어 오늘날 일부 도시의 인구밀도는 수렵채집 시대에 비해 백만 배 높다) 무한히 유연하지는 않으며, 인간성에 대한 설득력 없는 관점을 바탕으로 한 사회는 오래 가지 못한다. 그 밖에 임신과 출산을 구조화하고(많은 공동체는 금욕생활을 유지했지만 이를 사회 전체에 적용할 수는 없다), 기본적인 생물학적 필요를 충족하고, 의미와 인정에 대한 필요를 충족해야 한다는 또 다른 한계들도 존재한다.

경로의존성 역시 중요하다. 따라서 사회적 상상 프로젝트에서는 언제나 새로움과 보존 사이의 적절한 균형이 중요하다(또한 미래학에서 흔히 나타나는 실수로, '백지상태'에서 다시 시작한다는 사고 역시 피해야 한다). 어떤 사회도 백지상태에서 시작할 수는 없다. 어떤 사회든 역사와 애착의 대상, 소유물이 있으며, 이는 약점이 아니라 강점이 될 수 있다. 따라서 우리는 사회적 상상을 과거의 최선을 버리는 것이 아니라 우리와 가장 공명하는 전통, 비옥한 유산을 보존하면서 이를 새로운 것과 결합하는 방법을 찾는 일로 이해해야 한다.

좋은 상상과 나쁜 상상

어떤 분야든 상상은 좋은 것과 나쁜 것, 건강한 것과 병적인 것이 있다(둘을 어떻게 구별하느냐에 대해 합의하기는 어렵겠지만). 새롭다고 해서 반드시 바람직한 것은 아니며, 상상은 온갖 악몽과 디스토피아, 공포를 만들어낼 수 있다. 누군가에게는 유토피아인 것이 다른 사람에게는 지옥이 될 수도 있다.

어떤 상상은 인간 본성의 최선이 아니라 최악을 증폭하기도 한다. 인간의 이기심을 근본적 진리로 가정하고 모든 제도를 그에 따라 설계한다거나, 권력의지를 가정하고 적으로 간주될 수 있는 모든 사회 계층을 유토피아적 비전의 이름으로 제거하고자 하는 것이 그렇다.*

의도적 무작위화처럼 혼합적 성격을 가진 상상도 있다. 이러한 상상에서는 음렬음악serial music과 같이 새롭고 흥미로운 패턴이 간간히 등장하지만 의미와 일관성이 사라질 위험이 있다. 낡은 경계가 사라진 이후 20세기 예술에서 보였던 과도함에 대해 자크 바전Jacque Barzun이 "허공 외에는 밀어낼 것이 전혀 남지 않은 자유"라고 표현했던 것처럼 말이다.

어떤 아이디어를 극단으로 밀어붙이는 상상도 있다. 예를 들어 재산이나 정부, 경찰이 없는 사회에 대한 상상은 사고실험으로는 유용할 수 있지만 실천적 프로그램으로는 별로 그렇지 않다. 어슐러 르귄은 이러한 모호성에 대해 이렇게 언급했다. "내 상상은 나를 사람으로 만들고, 또한 바보로 만든다. 상상은 내게 세상을 다 주기도 하고 나를 세상에서 추방당하게 만들기도 한다."

---

* 브레히트도 할리우드에 대한 시에서 유토피아가 천국이자 동시에 지옥이 될 수 있음을 이야기했다. '이 부분에서 / 그들은 결론 내렸다. / 천국과 지옥이 필요했던 신은 사실 / 두 개가 아니라 단지 하나, 천국만을 계획하면 되었다고 / 풍요롭지도 성공하지도 않은 이들에게 / 그곳은 지옥이니.

사회기술적 상상물

필자가 설명한 상상들 그리고 사회 구조를 상상된 것으로서 이해한 다양한 사회과학 전통 사이의 관계는 또 다른 이론의 영역이다. 그러한 전통은 베네딕트 앤더슨, 찰스 테일러 등의 인물과 연관된다. 존 설 역시 사회 구조의 정신적 기초에 대해 상세히 쓴 바있다. 이들은 상상이 어떻게 현재의 질서를 뒷받침하는지, 즉 사람들이 어떻게 공유된 상상(또는 사람들에게는 없어서는 안 될 '필요한 픽션')을 통해 민족, 법치주의, 민주주의 같은 구성물에 실체를 부여하게 되는지에 관심을 가졌다. 이러한 작업은 인상적이며 설득력이 있다. 하지만 이들은 미래를 상상하는 일에는 의아하게도 거의 관심을 보이지 않았다.*

'과학기술학Science and Technology Studies'이라는 분야에는 공통의 관심, 그리고 공통의 사각지대가 있다. 과학기술학은 기술 발전에서 사회가 어떤 역할을 하는지, 그리고 피임약과 자동차, 휴대전화,

---

* 베네딕트 앤더슨의 《상상의 공동체》(Verso, 1983. 국역: 나남출판, 2003), 찰스 테일러(Charles Taylor)의 《현대의 사회적 상상물Modern Social Imaginaries》(Duke University Press, 2003), 코넬리우스 카스토리아디스(Cornelius Castoriadis)의 《상상의 제도로서의 사회L'Institution imaginaire de la société》(1987년 영문본으로 번역됨)는 유사한 입장을 취했다. 옌스 베케르트(Jens Beckert)는 《상상의 미래: 허구적 기대와 자본주의적 동학Imagined Futures: Fictional Expectations and Capitalist Dynamics》에서 상상의 미래가 현실화되지 못할 때 어떻게 소외의 동학이 발생하는지를 다뤘다.

드론 등의 영향을 이해하기 위해서는 사회가 기술을 형성하고, 관리하고, 그 방향을 설정하는 여러 가지 방식을 이해하는 것이 왜 중요한지 올바르게 강조해왔다. 또한 사회기술적 상상물*(실라 재서노프가 '바람직한 미래에 대해 집단적으로 보유되고 수행되는 비전'으로 정의한)이 어떤 경우에는 서로 경쟁하는 다수의 대안들과 함께 작동하고, 어떤 경우에는 하나의 대안이 지배적인 상황에서 사회적으로 작동한다는 것을 강조해왔다. 재서노프는 김상현과의 공동 작업에서 이러한 상상물에 네 개의 주요 단계가 있다고 설명했다. 첫째는 발생(대개 소수의 인원과 그들의 아이디어로 시작하는 단계), 둘째는 배태(아이디어를 물질적, 제도적, 행동적 현실로 전환하는 단계), 셋째는 저항(기존의 지배적 상상물을 지키려는 이들이 저항하는 단계), 넷째는 확장(이러한 현실이 정체성에 배태되는 단계)이다. 이러한 분석 프레임워크는 유용하지만, 역시 상상보다는 주로 분석과 비평이 목적이다.**

---

* https://sts.hks.harvard.edu/research/platforms/imaginaries/

** 《모더니티의 꿈의 정경 : 사회기술적 상상물과 권력의 제조Dreamscapes of Modernity: sociotechnical imaginaries and the fabrication of power》(Sheila Jasanoff and Sang-Hyun Kim (eds), University of Chicago Press, 2015).

7

상상과 행동

: 스스로 역사의 주인공이 되는 커뮤니티

"창조자는 동반자를 구할 뿐 시체도, 무리도, 신도들도 구하지 않는다.
창조자는 새로운 석판에 새로운 가치를 새길 동료 창조자를 구한다.
창조자는 동반자, 동료 수확자를 구한다.
그들에게 모든 것은 이미 익어 수확을 기다리고 있기에."
- 니체

사회적 상상을 촉진하기 위해 무엇을 할 수 있을까? 더 좋은 사
회로 가는 길을 상상할 수 있는 집단적 역량을 강화하기 위해서는
무엇이 필요할까? 단지 현재 상태의 최선을 유지하는 것만이 최
선이라는 운명론적 체념에서 벗어나려면 어떻게 해야 할까?

여기서 서로 겹치는 실천적 해답 몇 가지를 잠정적으로 제시하
고자 한다. 습관이나 두려움 때문에 실제로 사회적 상상에 도움
을 주지는 못하고 있지만 사회적 상상을 지원할 가능성이 있는
이들은 많다. 예를 들어 연구 지원기관이나 재단처럼 자금을 지
원하는 기관, 그리고 사람들을 모으고 상상을 장려하고 증진할
수 있는 조직들이 있다. 중앙/지방정부, 정당, 대학 등이 여기에
해당한다.

영화나 비주얼아트 같은 다른 분야의 상상은 자선단체나 공공
기관, 혹은 상업적 자금지원 생태계를 기반으로 한다. 사회 분야
에도 이와 같은 생태계가 필요하다.

- **환경 조성**:어떤 유형의 상상에도 반드시 필요한 창의성, 청
  중, 비판, 대화의 조합을 말한다. 예술이 강렬한 창의성, 비
  판, 경쟁, 소통이 있을 때 번영하듯, 결과물의 품질을 높이기
  위해서라도 사회적 상상 역시 이러한 환경이 필요하다.
- **경제적 기반과 공간을 가진 기관의 설립**:사회적 상상을 위해
  서는 충분한 자금을 지원받는 과학기술 분야의 기관에 비견
  될 만한 기관들이 더 필요하다. 대학이 그러한 기관을 품을 수
  있는 대표적 장소일 것이다. 어떤 기관들은 복잡계가 어떻게
  작동하고 변화하는지 이해하기 위한 분석에 중점을 둬야 할
  것이고, 어떤 기관들은 상대적으로 개방성, 상상, 창의성에 초
  점을 맞춰야 할 것이다.
- **'상상의 극장' 조성**:상상한 아이디어를 모으고, 큐레이션하
  고, 널리 알리는 가상공간과 물리적 공간이 더 많이 필요하다.
- **상상하는 방법의 확산**:사회적 상상은 많은 사람들이 앞서 설
  명한 방법들을 능숙하게 활용할 수 있게 되면 더욱 발전한다.
  이를 위해서는 연습이 필요하고, 어떤 방법이 가장 효과적인
  지 의식적으로 성찰해야 한다(이는 일차원적 상상을 억제하기 위해서

이기도 하다).

    마지막으로, 우리에게는 이용자가 필요하다. 존 듀이는 모든 정치적 프로젝트는 그것을 직접 이용할 수 있는 대중을 만들어내야 한다고 말한 바 있다. 마찬가지로 모든 유토피아는 그것을 실현하는 데 필요한 대중, 그것을 주장하고 주인이 될 수 있는 대중이 존재하도록 만들어야 한다. 그러나 대중을 호출했다 하더라도 대중이 자신에게 제시된 유토피아를 선택할지는 확실치 않다. 사회적 상상이라는 행위는 자신의 주체를 만든 후, 그 주체가 자유롭게 활보하도록 놓아줘야 한다.

    이러한 작업이 잘 이루어진다면 더 많은 커뮤니티들이 다시 한번 스스로 역사의 주인공이 될 수 있다. 오늘날 의미 있게 받아들여지는 내러티브들은 개인적 차원에 한정되는 경우가 너무나 많고 (또한 많은 이들은 자신의 개인적 희망과 꿈이 갈수록 세상과 괴리되는 것을 지켜봐왔다), 사람들은 자신이 통제할 수 없는 힘과 추세를 그저 바라볼 수밖에 없다고 느끼는 경우도 너무나 많다.

    사회적 상상을 다시 촉발하는 것은 통제권을 되찾는 과정의 일부다. 이는 우리가 편안하게 느낄 수 있는 미래를 직접 서술하고, 그 비전의 힘을 활용해 그러한 미래로 갈 수 있는 현재의 행동을 촉진하는 일이다.

감사의 말

이 보고서는 초고라고 할 수 있다. 나는 비평과 사례, 개선점을 기다리며, 독자들과 함께 여기서 다룬 주제들을 함께 탐색할 수 있기를 바란다. 대화를 통해 이 보고서의 내용을 채워준 많은 분들에게 감사한다. 노소형Sohyeong Roh(처음 이 보고서를 제안한 사람), 루이스 펄포드Louise Pulford, 캐시 로빈슨Cassie Robinson, 노아 라포드Noah Raford, 유하 레패넨Juha Leppänen, 올리 브레머Olli Bremer(그리고 데모스헬싱키의 다른 동료들), 로베르토 웅거Roberto Unger, 제시카 세던Jessica Seddon, 제임스 윌스든James Wilsden, 조 채터웨이Jo Chataway, 루퍼스 폴락Rufus Pollock, 인디 조하르Indy Johar를 비롯한 많은 이들이다.

저자에 대하여

이 보고서를 쓰는 지금 나는 유니버시티칼리지런던^{UCL} 과학·기술·공학·공공정책학부의 집단지성·공공정책·사회 혁신 담당교수, 그리고 데모스헬싱키 연구원으로 재직 중이다. 이전에는 네스타 CEO(2011~2019), 영파운데이션 CEO(2004~2011), 영국 정부 전략국장(2000~2004)으로 일하며 오랫동안 사회적 상상 분야에 적극적으로 관여해왔다. 새로운 단체들과 정책적 접근법을 만들었고, 소셜 디자인과 전략의 실천적 측면을 다루는 팀을 이끌었다. 지난 20년간 책을 쓰고(유토피아에 관한 《메뚜기와 벌*The Locust and the Bee*》, 미래학에 관한 《공공전략의 기술*The Art of Public Strategy*》), 참여기반 미래에 관한 네스타 의뢰 보고서와 세계 각지의 미래학에 대한 조사보고서들을 작성했다. 또한 2020년 호주를 비롯해 국가 차원에서 대규모로 미래비전을 작성하는 것에도 참여했다. 이러한 경험이 내게 평론을 할 만한 자격을 부여하는지, 아니면 가까운 과거의 전제들에 지나치게 얽매이게 만드는지 여부는 독자들의 판단에 맡긴다.

Transforming Narrative Waters

서사의 흐름
바꾸기

심층서사 변화의 실천 확대하기
: 영국 사례를 중심으로

루스 테일러

2021년 4월
영국복권기금(National Lottery Community Fund)에서 의뢰
www.ruthtaylor.org

머리말

"우리는 서사 속에서 꿈을 꾸고, 서사 속에서 공상하고, 서사에 의해 기억하고,
기대하고, 희망하고, 절망하고, 믿고, 힘을 내고, 계획하고, 수정하고, 비판하고,
구성하고, 험담하고, 배우고, 증오하고, 사랑한다.
진정으로 살기 위해 우리는 우리 자신과 다른 사람들에 대한,
사회의 과거와 미래뿐만 아니라
개인의 과거와 미래에 대한 이야기를 지어낸다."
— 바바라 하디Barbara Hardy

이 보고서는 영국에서 전개되고 있는 심층서사 변화의 실천을 탐구한다. 2021년에 3개월에 걸쳐 나는 이 주제와 관련하여 주로 영국과 미국에서 생산된 몇몇 기존 문헌을 검토하고 서사 연구에 관여한 12명의 사람과 이야기를 나눈 후에 영국 전역에서 심층서사 변화가 어떤 방식으로 이해되고 실행되고 있는지에 대해 조금씩 생각을 발전시켜 나갔다. 이 보고서에는 그런 나의 연구 결과가 자세히 나와 있는데, 특히 오늘날 영국에서 행해지고 있다고 할 수 있는 심층서사 변화의 실천들과 앞으로 이러한 실천을 성장시키고 내재화하는 과정에서 맞닥뜨릴 장벽들과 기회들에 주목한다.

심층서사 실천은 꽤 알려진 접근방식으로서 수십 년 동안 사회

적·환경적 변화의 공간에 존재해온 방법들을 사용하지만, 아직 완전히 형식을 갖추지는 않았다. 지금까지 이 실천의 상당 부분이 우리의 삶을 지배하는 심층서사를 명확하게 드러내 보여주며 전 세계의 소외된 지역사회에 의해 설계, 개발, 성장해왔다는 사실을 처음부터 인식하고 존중하는 것이 중요하다.

심층서사 변화의 실천에 정확히 무엇이 포함되는지를 놓고는 해석이 분분하지만, 내가 인터뷰한 사람들이나 읽은 다양한 자료들은 하나같이 모두 심층서사 연구에 더 많은 투자가 필요하다는 입장이었다.

브렛 데이비슨Brett Davidson은 이 점에 대해 다음과 같이 매우 잘 표현했다.

"우리가 이따금씩 정책 싸움에서 이길 수 있다 해도, 이러한 승리는 끊임없이 공격을 받으며 뒤집힐 위험에 처해 있다. 우리는 몇몇 전투에서 승리하고 있지만, 전쟁에서는 지고 있다. 그 이유 가운데 하나는 우리가 문화 전반에 뿌리 내린 강력한 서사에 맞서고 있기 때문이다. 이와 같이 더 큰 문화와 제도에 서사가 뿌리 내려 있기에 우리는 정책 영역을 넘어 바라볼 필요가 있다. 서사는 우리가 여러 문제와 우선순위를 식별하는 데 도움을 준다. 서사는 수용 가능하고 성취 가능하다고 여겨지는 해결책의 유형을 한정하고, 특정 유형의 사람을 어떻게 분류하고 대할지를 결정한다."[*]

나는 이 보고서가 우리의 광범위한 지지 활동과 캠페인 실천의 토대가 되는 문화적 맥락을 완전히 바꿔놓는 데 서사를 어떤 식으로 활용하면 좋을지 명확하게 보여주고, 이 성장 분야에서 토론과 탐구를 지속해가는 과정에서 영감을 줄 수 있기를 바란다.

---

[*] 2016년 브렛 데이비슨이 〈싱크탱크에 대하여(On Think Tanks)〉에 기고한 글. 이 인용문은 '정책에 영향을 미치는 서사 변화의 역할(The role of narrative change in influencing policy)'이라는 제목의 장문의 기사에서 발췌한 것으로, 여기(https://bit.ly/3vynUWn)에서 찾아볼 수 있다.

1
심층서사의 변화 규정하기

지난 몇 년 동안 우리가 목격한 바로는, 갈수록 더 많은 조직이 사회적·환경적 전환을 이뤄내기 위한 과정에서 서사 변화 전략을 채택하는 것이 얼마나 중요한지를 인식하고 있다. 미국에서는 점점 더 성장하는 이 분야에서 수많은 서사 변화의 틀과 방법론을 육성, 시험, 적용해보고 있다.* 그러나 영국은 진보 세력 구축을 위한 초석으로서 서사를 이해하고 활용하는 데에는 약간 뒤쳐져 있는 듯 보인다.

이 보고서는 심층서사 변화의 실천에 대해 숙고한다. 여러 대화와 읽기를 진행하면서 '심층서사'가 의미하는 바가 무엇인지에 대

---

* 몇 가지 사례로는 내러티브 이니셔티브(Narrative Initiative)의 '포 바스켓(Four Basket)' 프레임워크 또는 리프레임(ReFrame)의 비전(VISION) 프레임워크가 있다.

한 명확한 그림이 그려졌다. 서사 실천가들 사이에서 심층서사는 더 구체적인 다른 서사들 아래에 자리한 서사로 간주된다. 이 구체적인 서사란 바로 우리가 특정 사회적·환경적 쟁점들을 논의할 때 자주 언급하는 서사들이다.

지배적 서사의 변화를 통해 조직 변화를 꾀하려 애쓰는 협동조합식 비영리 컨설팅 단체인 컬처해크랩Culture Hack Labs*은 중요한 사안과 연계된 보다 구체적인 서사들이 어떻게 보다 뿌리 깊은 서사들에 대한 실증 사례들로 이해될 수 있는지에 대해 이야기한다.**
한 인터뷰 대상자는 난민 관련 서사 하나를 예로 들어 그들이 어떻게 '서사'와 비교하여 '심층서사'를 이해하는지를 설명했다.

"지중해를 건너는 난민이나 이주 보트에 대한 많은 다양한 개별 이야기가 축적되어 구조화됨으로써 결국 난민이나 이주자들이 '장악하고' 있다는 서사로서 이해될 수 있다. 이에 대해 심층서사는 '타자에 대한 두려움' 같은 것이 될 수 있는데, 이것은 인간 본성과 세상이 작동하는 방식에 대한 우리의 관점과 보다 직접적으로 연관된다. 이러한 심층서사가 확고하게 뿌리 내리지 않았다면, 난민과 이주자들이 장악하고 있다는 서사가 그렇게까지 설득력이 있지는 않

* https://www.culturehack.io/
** 컬처 해크(Culture Hack)의 방법에 대한 자세한 내용은 '컬처 해크 방법 도구들 1.0 Culture Hack Method: Toolkit 1.0'(https://bit.ly/2PAc66O)에서 확인할 수 있다.

을 것이다."

위의 예에서 언급한 것과 같이 심층서사는 동시에 수많은 사회적 · 환경적 대의명분들을 뒷받침할 수도 있다.

'타자에 대한 두려움'은 이주에 대한 서사와 연관이 있을 뿐만 아니라 가령, 성전환자나 성소수자를 혐오하는 태도와 신념, 행위를 뒷받침한다고도 할 수 있다. 한 인터뷰 대상자가 언급했듯이 심층서사는 "여러 다양한 방식으로 그 얼굴을 내밀" 수 있다.

심층서사는 더 자주 논의되는 서사들의 토대가 된다. 그 뿐 아니라 이 서사들은 시간이 흐르면서 일관되게 반복되고 강화되기 때문에 우리 문화에 강력하게 뿌리 내려 있다고도 알려져 있다. 심층서사는 우리 무의식에 존재하여 종종 우리에게 보이지 않아서 밝혀내기가 어렵다. 가령 인간 본성과 인간이 주변 세계와 관계 맺는 방식 같은 핵심 주제들은 심층서사로 간주될 수 있다. 그것들은 또한 우리가 역사적 사건들과 현재의 순간, 그리고 가능한 미래를 평가하는 렌즈 역할을 한다.[*]

마지막으로, 심층서사는 글이나 구술 이야기에만 담겨 있는 것이 아니라 우리 주변에서 일어나는 거의 모든 일에 스며들어 강화

---

[*] 내러티브 이니셔티브의 웹사이트에는 '내러티브란 무엇인가?'라는 유용한 페이지가 있는데, 여기에는 이러한 차이점들 가운데 몇 가지에 대해 자세히 설명하고 있다. 이 페이지는 여기(https://narrativeinitiative.org/what-is-narrative/)에서 찾아볼 수 있다.

된다는 사실도 폭넓게 인정되고 있다. 내러티브 이니셔티브^{Narrative} ^{Initiative}의 전직 임원인 지 킴^{Jee Kim}은 도시 계획과 설계가 우리의 가치들을 고스란히 반영하는 한에서는 그것들이 어떻게 서사의 실제적 표현으로 여겨질 수 있는지에 대해 이야기한 바 있다.[*] 가령 우리가 장애가 있거나 거동이 불편한 사람들이 사용하기 힘든 기차역을 만든다면, 이는 우리가 명확한 가치 메시지를 보내면서 오직 신체가 건강한 사람만이 중요하다는 서사를 주입하는 것이 된다.

우리가 심층서사 변화의 범위를 생각할 때 서사와 문화 간의 공생 관계가 표면화된다. 컬처 그룹^{The Culture Group}^{**} 에서 규정한 것처럼 문화는 "개인과 집단들 사이에서 생각, 가치, 습관, 행동을 담거나 전달하고 혹은 표현하는 일련의 관행"뿐만 아니라 "한 집단 안에서의 지배적인 신념, 가치, 관습"으로 이해된다.^{***} 심층서사가 만연하고 그것들이 어떻게 우리 문화 속에 아주 매끄럽게 엮여 들어가 있는지를 생각해볼 때, 심층서사의 변화는 일종의 문화 변

---

* 지(Jee)는 자신이 서사의 실제적 표현에 대해 이야기한 '또 다른 이야기(The Other Story)' 팟캐스트의 한 훌륭한 에피소드에 대해 말했는데, 그 내용은 여기(https:// bit.ly/3vwRnjO)에서 들어볼 수 있다.

** https://theculturegroup.org

*** 컬처 그룹은 2010년 광범위하고 전략적이며, 가치 중심의 문화 조직화를 통해 진보적 변화를 이끌기 위해 공식적으로 모인 사회 변화 전문가들과 창의적인 제작자들의 협력 모임이다. 2014년에 그들은 '파도 일으키기 : 문화 전략 안내서(Making Waves: A Guide to Cultural Strategy)'라는 보고서를 출간했는데, 여기(https://bit.ly/3u96waz)에서 찾아볼 수 있다.

화로 여겨질 수 있다. 심층서사를 바꾸는 것은 우리 문화를 구성하는 깊이 내재된 가치와 규범들을 바꾸는 것이다. 동시에 문화 자체는 서사에 생명을 불어넣을 수 있는 수단이다. 문화 관행을 통해 심층서사와 서사는 일반 대중들의 호감을 얻거나 잃을 수 있어서 문화 자체는 서사의 힘을 구축하는 핵심 현장이다.

이 프로젝트 진행 과정에서 연구하는 내내, '심층서사'라는 용어가 무엇을 언급하고 규정하는지에 대해서는 폭넓은 합의가 이뤄진 듯하지만, 서사 변화를 구성하는 요소에 대한 해석에는 흥미로운 차이가 있다는 점을 깨달았다. 미국에서는 전반적으로 심층서사와 서사를 구분하여 사용하지 않는다. 미국에 거주하는 두 명의 인터뷰 대상자는 그들의 경험상 이처럼 서사의 층위를 구분하는 것은 실제로 학계나 서사 변화 실천의 배경이 되는 이론에 특히 초점을 맞춘 사람들만 관심을 보인다고 언급했다. 그리고 미국에서는 대체로 서사 변화가 장기적이고 근본적인 문화 변화를 만들어내는 것으로 이해된다.

그러나 영국에서는 (심층서사 변화와 구별되는 것으로서) 서사 변화가 종종 프레임화와 같은 전략적 의사소통 실천과 동일시된다. 이 실천은 대개 정책 변화나 지지자 확보, 심지어 선거 승리 같은 구체적이고 종종 단기적인 목표 추구에 대한 것이다.

이러한 대조를 살펴보면서, 나는 미국의 인터뷰 대상자들이 서사 변화를 전략적 의사소통 실천과 확연히 다른 것으로 이해한다는 사실을 알게 되었다. 미국의 팝컬처 콜라보레이션 Pop Culture Collaboration*의 CEO인 브리짓 앤투아넷 에반스는 (우리가 전파할 메시지를 정성들여 작성하는) 전략적 의사소통이 본질적으로 "대체로 부당한 생각들로 가득한 대양에 정의의 물방울을 (무리하게) 쥐어짜 넣는 것"에 해당된다며 이러한 차이를 분명히 했다. 반면에 서사 변화는 "이 분야의 실천가들을 지원하여 이러한 서사의 흐름 narrative waters을 총체적으로 완전히 바꿔놓기"라는 뜻으로 이해한다.**

영국에서 서사 변화의 실천이 점진적으로 발전하여 형식을 갖추게 되면, 이것과 문화 관행과의 관계에 대한 이해가 구체화되어 '서사'와 '심층서사' 간의 구분이 불필요해질 수도 있다. 그러나 현재 영국에서 서사 개입을 상술하는 데 사용하는 언어가 여전히 유동적이고 특히 우리가 앞으로 살펴볼 심층서사 변화 접근법이 무엇을 수반하는지를 감안하기 위해서는 이러한 차이를 명확히 할 필요가 있어 보인다.

---

* https://popcollab.org

** 이 인용문은 브리짓(Bridget)이 작성한 '이야기에서 시스템까지: 서사 시스템 접근법을 사용하여 대중문화 서사 변화의 보조금 조성에 대해 알려주기(From Stories to Systems: Using an Narrative Systems Approach to Inform Pop Culture Narrative Change Grantmaking)'라는 훌륭한 보고서에서 찾을 수 있으며, 전체 내용은 여기(https://bit.ly/3nzs6T1)에서 읽을 수 있다.

2
심층서사 변화의 실천이 의미하는 것

심층서사 변화의 실천에 관한 기존 저술들에 대한 분석뿐만 아니라 실천가들과의 대화를 통해 나는 심층서사 변화와 관련된 작업이 세 가지 폭넓은 접근 방식으로 요약될 수 있다고 생각하게 되었다. 물론 실제로는 이 세 가지 실천 방식이 서로 엮여 있는 경우가 많다. 또한 장담하건데 서사 변화를 효과적으로 이끌려면 모든 단계에서의 작업에 각별히 주의를 기울여야 한다.

1. 우리 전체는 부분의 합보다 더 크다는 사실 이해하기
알다시피 심층서사는 우리의 문화 정신에 단단히 뿌리박혀 있어서 독자적으로 행동하는 조직은 심층서사를 더욱 진보적인 대안으로 끈기 있게 전환하는 데 필요한 영향력을 결코 축적할 수 없다. 이러한 점을 인식하며 시민사회 행위자들은 그들의 활동과 의사소통을 공동으로 축적할 때 어떻게 더 큰 전체를 이루는지는 생각해봐야 한다.

심층서사 변화 실천의 핵심 요소는 공동의 대의에 대한 심도 있는 연구를 위한 투자뿐만 아니라 서사 교육과 훈련의 설계와 전파를 통해 우리 운동 전반에 걸쳐 이러한 사고방식을 강화하는 것이다. 가치 주도의 메시지 전달 원칙을 채택함으로써 다양한 NGO와 풀뿌리 집단의 활동들이 일관된 서사적 맥락 아래 함께 엮인다. 집단들은 지나치게 공식화된 연합체를 만들어 동일한 구호를 내세우고 공유 브랜드를 개발하지 않고도 공유된 미래 비전을 중심으로 결집할 수 있다. 그리하여 명확히 달라 보이는 다른 대의들이 전진하도록 하는 동시에 자신만의 개별적인 대의를 보완하여 발전시킬 수 있다. 이러한 접근 방식을 통해 조직들은 특정 문제에 관한 그들의 활동이 다른 사람들의 노력을 의도치 않게 저해하지 않고 대신 변화를 위한 강력한 전체 서사 구조에 기여하게 된다.

2. 공통의 명분 찾기

심층서사 변화의 실천에 대한 두 번째 이해는 다른 사람들과의 협업을 통해 사회와 환경의 다양한 문제에 걸쳐 있는 공통의 명분이 되는 서사를 찾아내는 것이다. 여기에는 자원들을 통합하여 심층서사를 여러 가지 명분에 동시적으로 이익이 되도록 전환하려는 의도가 있다. 공통의 명분을 찾는다는 것은 지배적인 심층서사(긍정적이고 부정적인 것 둘 다)가 시간이 지남에 따라 어떻게 강화되는지를 함께 모여 평가한다는 의미에서 중요하다. 예를 들어, 개인주의라는 심층서사는 기업 광고의 관행에 의해 뒷받침된다고 말할 수 있다. 공통의 명분을 찾는다는 것은 광고 관행에 이의를 제기하기 위해 여러 단체가 공동으로 기획하고 투자하여 캠페인을 벌이는 것을 의미할 수도 있다.

마찬가지로 공통의 명분 찾기는 장기적으로 문화에 뿌리 내리고자 하는 공유 서사들을 찾아내고 강화하는 활동을 포함할 수도 있다. 예를 들어, 여러 조직은 자연과의 상호 연결에 관한 심층서사를 강화하고자 녹지 공간에 대한 접근성을 높이기 위한 캠페인을 함께 벌일 수도 있다. 특정 쟁점에 초점을 맞춘 조직들은 심층서사에 대한 이해를 통해 그들의 개별 캠페인과 홍보 활동의 성공이 주로 심층서사를 더욱 진보적인 대안으로 전환하는 능력에 달려 있다는 점을 인식하게 된다.

3. 심층서사로의 몰입 설계하기

우리는 서사를 식별하고 서사의 메시지를 정교하게 만들어내는 방법뿐만 아니라 일반 대중이 서사를 어떻게 경험하는지에 대해서도 고려해야 한다. 미국의 컬러 오브 체인지Color of Change* 회장 라샤드 로빈슨Rashad Robinson은 서사 변화 전략의 중심에는 "우리의 메시지를 외부로 전달"하는 것뿐만 아니라 "우리의 메시지를 내부로 가져오는" 능력이 자리하고 있다고 주장한다. 다시 말해, 단순히 잘 짜인 메시지를 만드는 것만으로는 충분하지 않고, 사람들이 우리의 세계관에 몰입하여 그것을 스스로 표현할 수 있는 기회를 확실히 제공하는 것이 중요하다는 말이다. 이러한 실천을 통해 심층서사가 사람들에게 '옳다는 느낌'을 주게 되고 새로운 형태의 상식이 된다.

로빈슨은 우리가 원하는 심층서사가 "명백하게 정치적이거나 문제에 초점을 맞추지는 않더라도 사람들이 가장 소중하게 생각하는 가치들을 형성하는 장소인 사회적 및 개인적 공간"에서 생생하게 전달되어야 한다고 주장한다.** 문화적 경험은 텔레비전, 컴퓨터 게임, 음악과 같은 디지털 매체를 통해 전달되든, 박물관과 극장, 도서관과 같은 물리적 공간에서 제공되든, 사람들이 그들 자신과 주변 세계를 이해하는 방식에 큰 영향을 미친다. 심층서사로의 몰입을 설계하여 우리는 사람들에게 다른 세상이 어떤 모습

---

* https://colorofchange.org

** 이 인용문은 라샤드(Rashad)가 2020년 7월 비영리 계간지에 기고한 "서사에 관한 우리 서사 바꾸기: 서사의 힘 구축에 필요한 인프라(Changing Our Narrative about Narrative: The Infrastructure Required for Building Narrative Power)"라는 글에서 발췌한 것으로, 여기(https:// bit.ly/2Rca0KI)에서 찾아볼 수 있다.

일지 엿볼 수 있는 기회를 제공할 수 있다.

　우리는 무엇이 심층서사의 변화를 구성하는지에 관한 다양한 설명에 대해 살펴보았고 실제로 심층서사의 변화를 강화하기 위해 가장 일반적으로 사용되는 세 가지 굉장히 중요한 실천 방식을 탐구하기 시작했다. 이제 우리의 관심을 돌려 이러한 실천이 오늘날 영국에서 어떻게 활용되고 있는지 검토해보자.

3
현재 영국의 관행

연구 과정에서 나는 앞서 제시한 심층서사 변화의 실천에 대한 세 가지 이해를 바탕으로 영국에서 현재 심층서사의 변화가 어떻게 실천되고 있는지 탐구했다. 서사가 많은 분야의 식견에서 도움을 받고 아직 이곳 영국에는 정립된 용어가 없다는 점을 생각하면, 아래에 언급된 모든 행위자가 반드시 심층서사 변화의 관점에서 그들의 활동을 규정할지 여부는 불분명하다. 그러나 각 사례별로 활동과 접근 방식을 분석해본 결과, 나는 그 활동들이 실제로 심층서사 변화의 활동들로 여겨질 수 있다고 확신하게 되었다.

우리 전체는 부분의 합보다 더 크다는 사실 이해하기

앞서 논의한 바와 같이, 심층서사의 사고방식을 채택하면 사회적·환경적 전환을 위해 활동하는 조직과 지역사회가 공식화된 연합이나 협업 방식으로 일하지 않더라도 지속적으로 공유된 세계관을 강화하는 방식으로 소통하고 캠페인을 벌일 수 있다. 일상에서 핵심 서사의 원칙들을 채택함으로써 그 지지자들은 여전히 그들의 특정 문제를 처리하고 그들 특유의 어조로 말하면서도 변화를 위한 포괄적 진보 서사를 촉진하며 보다 폭넓게 서로 어우러질 수 있다. 이러한 접근 방식은 지난 10년 동안 영국에서 꾸준히 인지도가 높아진 가치들과 프레임의 중요성을 어느 정도 반영하고 있다.

현재 영국에서는 '부분의 합보다 크다는' 사고방식을 보여주는 수많은 사례를 찾아볼 수 있는데, 아래에 제시된 몇 가지 사례는 그러한 사례들의 일부이다.

이퀄리 아워스

이퀄리 아워스Equally Ours는 커먼코즈 재단, 공익 센터Public Interest Centre, 프레임웍스 인스티튜트Frameworks Institute의 연구를 바탕으로 시민사회단체들을 위한 실용적인 양방향 워크숍을 제공한다.

이 워크숍에서 시민사회단체들은 그들이 관여하고 있는 이슈들을 더욱 효과적으로 소통하기 위해 해당 부문의 역량을 개발하고 강화하는 데 주력한다. 워크숍은 캠페인 활동에 가치 중심의 접근 방식을 채택하도록 독려하기 위해 프레임과 메시지 테스팅, 사용자 행동분석 조사, 콘텐츠 제작과 같은 핵심 의사소통 전술들을 다룬다.

공익연구센터

공익연구센터Public Interest Research Centre, PIRC는 프레임 설정과 스토리텔링 역량에 대해 사회적·환경적 변화 분야에서 대단히 높은 평가를 받고 있다. 그들은 '경제 프레이밍', '기후 정의 프레이밍', '평등 프레이밍'과 같은 프로젝트를 통해 다양한 문제 영역에 걸쳐 있는 다수의 심층서사들을 찾아내어 조명하고 있다.

가령 공익연구센터는 지침서 〈우리에게 필요한 서사들The Narratives We Need〉을 비롯해 여러 자료들을 통해 우리가 추구하는 더 크고 깊은 서사 변화에 대해 이야기하는 방법에 관한 지침을 수많은 캠페인 활동가와 커뮤니케이터를 위해 제공한다.[*]

---

[*] 공익연구센터의 웹사이트는 블로그 기사 '우리에게 필요한 서사들The Narratives We Need' (https:// publicinterest.org.uk/narratives-we-need/)을 비롯하여 이 단체의 모든 프레이밍 관련 연구 자료를 제공하고 있다.

희망 기반 커뮤니케이션

토마스 쿰스Thomas Coombes가 설립한 희망 기반 커뮤니케이션hope-based comms은 전 세계의 여러 조직과 지역사회가 그들의 캠페인과 커뮤니케이션에서 희망을 중심에 두고 활동할 수 있도록 지원한다. 토마스는 또한 앨리스 사크라이다와 함께 "확성기에서 모자이크까지: 서사 커뮤니케이션을 위한 5가지 원칙"*이라는 환상적인 기사를 공동 집필하여 온라인 출판 플랫폼인 미디엄Medium에 게재했는데, 여기에서 '우리는 모두의 합보다 더 크다'는 생각과 실천에 찬성하는 입장을 분명하게 밝힌다.

커먼코즈 재단

커먼코즈 재단Common Cause Foundation, CCF은 문화 변화와 사회심리학의 교차 지점에서 활동하는 비영리 단체다. 커먼코즈 재단은 최근 10년 동안 사회적·환경적 명분에 대한 대중의 관심을 떠받치는, 인간의 가치를 강화하고 기리는 행동을 촉발하며 새로운 방식의 고무적인 사회 참여를 선도해왔다. 커먼코즈 재단의 활동은 다음 두 가지 연구 결과에 기반한다. 1) 사람들이 본질적 가치, 그러니까 평등, 호기심, 관용, 공동체와 같은 가치를 중시할 때 환경

---

* 앨리스와 토마스가 쓴 '확성기에서 모자이크까지: 서사 커뮤니케이션을 위한 5가지 원칙(From megaphone to mosaic: five principles for narrative communications)'은 여기(https://bit.ly/3aO5jO8)에서 확인할 수 있다.

적·사회적 변화를 지지할 가능성이 더 높고, 2) 영국 내 대다수의 사람은 이러한 가치를 중시하지만, 우리가 살고 있는 소비주의 문화 때문에 끊임없이 외적 가치가 더 우선시되고 있다. 이러한 점을 염두에 두고 커먼코즈 재단은 우리 사회의 가치 규범을 재조정하기 위해 다양한 조직에 훈련과 지원을 제공하여 사람들의 본질적 가치와 연결되는 메시지 전달과 캠페인 활동 전략을 개발하도록 돕는다.

각각의 이러한 이니셔티브는 개별 정책이나 행동 변화의 범위를 벗어나 생각하는 소통 방식을 권장한다. 영국에서 활동하는 대다수 조직과 풀뿌리 집단이 희망과 포용의 공간에서 인간 가치에 대한 이해를 바탕으로 이야기할 때, 우리는 어떤 조직 하나가 독자적으로 그것을 추진했을 때보다 미래에 대한 더 크게 증폭된 심층서사를 공유해 내기 시작한다. 최근 몇 년 동안 영국에서 활동하는 실천가들 사이에서 가치 중심의 커뮤니케이션에 대한 지식이 크게 증가했다고 주장하고 싶지만, 여전히 우리가 "우리는 부분의 합보다 더 크다"는 생각의 긍정적 효과를 보고 싶어 하는 정도까지 프레임 강화가 충분히 논의되지는 못하고 있다.

공통의 명분 찾기

'우리가 부분의 합 이상이 되는' 것은 강력하고 두드러진 새로운 서사를 만들기 위해 매우 중요하다. 그러나 심층서사 실천의 측면에서 생각해보면 아직 충분하지 않다. 앞서 이 보고서에서 논의된 바와 같이, 온갖 다양한 사회적·환경적 대의명분의 기저에 수많은 심층서사가 깔려 있다. 다양한 사회적·환경적 대의명분에서 보자면 일부는 공통의 목적과 정책을 추구하지만 그중 다수는 그렇지 않다. 공통의 명분이 되는 서사, 다시 말해 현재 존재하며 정의, 형평성, 환경 보호의 진전을 약화시키는 유해한 서사를 골라내거나 우리가 발전시키고 번성시키고 싶어 하는 가능성 있는 대안 서사를 찾아내어 북돋으려고 노력하는 식으로 조직과 지역사회는 다양한 명분을 동시에 밀고 나아갈 수 있다. 이러한 정도로 활동하면, 우리는 장기적인 발전을 지속해 나가는 데 필요한 문화적 변화에 투자할 기회를 얻을 수도 있다.

공식적으로 보자면, 이러한 접근 방식은 영국의 진보 부문에서 덜 활발하게 나타난다. 물론 인터뷰 대상자들은 불평등을 생생하게 체험한 사람들이 주도하는 풀뿌리 캠페인 활동 집단이 마치 하나의 관행처럼, 종종 이러한 방식에 훨씬 더 직관적으로 이끌리는 것처럼 보인다고 언급했다.

공익연구센터의 연구에 참여한 사람들을 인터뷰한 결과, 몇 가지 공통된 명분의 심층서사가 꾸준히 확인되고 있는 듯하다. 다양한 이슈를 프레이밍하는 광범위한 연구를 진행하면서 그들은 반복해서 동일한 심층서사와 만났다. 하지만 이러한 심층서사의 발굴은 대개 위탁 기관이나 기금 지원단체funding community의 목표가 아니기 때문에 심층서사가 필요한 만큼 충분히 고려되지 않는 경우가 많다. 한 인터뷰 대상자는 공통의 명분 서사를 파악하는 현재의 활동은 보다 명분이 뚜렷한 다른 프레이밍 활동과 엮여 진행되는 경우가 많고, 여기에서 다른 프레이밍은 더 심층적인 서사 분석을 위한 트로이 목마 같은 역할을 한다는 식견을 제공했다.

내가 보기에 아래 공유된 사례들은 공통의 명분을 찾는 참된 의미를 구현하고 있다. 첫 번째 사례는 긍정적이고 대안적인 서사를 고양시키고, 두 번째 사례는 유해한 서사의 힘을 감소시키려 애쓰며, 세 번째 사례는 풀뿌리 집단의 공통된 명분을 보여주는 사례다.

더 큰 우리

2018년에 알렉스 에반스Alex Evans가 설립한 '더 큰 우리Larger Us'는 '그들과 우리'라는 사고방식의 종말을 바라면서 모든 인간, 다른 종, 미래 세대를 포괄하는 '더 큰 우리'를 추구한다. 이들의 활동은 사회와 환경의 변화를 위해 노력하는 다양한 조직이 '더 큰 우리' 서사를 받아들이도록 북돋운다. 이들의 원칙은 지난 한 해 동안 그 분야의 다양한 메시지 전달 기관에서 수용되었다. '더 큰 우리' 서사는 난민 인권부터 경제 개혁에 이르기까지 다양한 명분에 영향을 미치는 기존의 확고한 '그들과 우리' 심층서사와 정면으로 대치된다.

광고 없는 도시들

광고 없는 도시들AdFree Cities은 영국 전역에서 활동하는 활동가 집단의 네트워크로 기업 광고가 개인, 지역사회, 지구촌의 안녕에 미치는 영향에 대해 우려한다. 그들은 지역사회에서 기업 광고를 제거하고 대신에 연결, 창의성, 자연을 찬양하는 메시지로 대체하는 캠페인을 벌인다. 이는 궁극적으로 개인주의, 성장, 소비, 경쟁의 심층서사를 강화하는 기업 광고 활동에 맞서 사람들이 공동의 명분을 인식하고 함께 노력하는 모습을 보여주는 사례다.

삭감 반대 자매들

긴축반대 단체인 '삭감반대 자매들Sisters Uncut'은 상호교차성 페미니스트intintersectional feminism(상호교차성 페미니즘 또는 교차성 페미니즘은 상호교차성을 강조하는 페미니즘의 한 갈래이다. 교차 페미니즘, 제3물결 페미니즘이라고도 한다-옮긴이) 직접행동 집단이다. 이들은 '다양한 배경을 지닌 여성의 특정 경험과 욕구를 인정하는, 더 나은 가정 폭력 피해자 지원 서비스를 위한 캠페인을 벌인다.' 그러나 그들의 소셜 미디어 채널과 그들이 조직하거나 확장시킨 활동들을 살펴보면 단순히 가정 폭력 문제만 다루지는 않는다. 그들은 그들 자신의 활동과 집시, 로마Roma(유럽에서 차별받는 소수민족을 지칭-옮긴이), 여행자 인권, 경찰 폐지, 이민 개혁과 같은 다양한 이슈를 위해 캠페인을 벌이는 파트너 집단의 활동 저변에 깔린 공통의 명분 서사에 대해 예리하게 이해하고 있다.

공통의 명분이 되는 서사가 우리가 바라는 미래를 뒷받침하는지 아니면 해로운 영향을 미치는지 확인된 후에는 그 서사의 옹호자들이 힘을 합쳐 변화를 가져올 수 있도록 격려와 지지를 보내야 한다.

문화를 통한 심층서사 몰입 설계하기

우리는 심층서사가 어떻게 문화에 깊이 내재되어 있는지에 대한 최근 연구를 통해 몰입이 매우 중요하다는 점을 알게 되었다. 다시 말해, 사람들은 일상생활에서 새로운 심층서사를 다양한 방식으로 경험해야 그것이 '옳다고 느끼기' 시작하고 주변 세상을 이해하는 데 도움이 되는 서사로 이를 받아들이기 시작한다.

공통의 명분을 찾는 것과 마찬가지로, 이러한 접근 방식은 영국 진보 세력의 비교적 소수의 일부 단체에서만 나타나는 듯하다. 문화 부문의 활동을 전면적으로 분석하는 것은 이 글의 범위를 벗어나지만, 이 분석을 통해 다른 흥미로운 심층서사 몰입의 실천 사례들을 몇 가지 찾아낼 수 있었다.

뉴 브레이브 월드New Brave World

언바운드 필란스로피Unbound Philanthropy의 지원을 받아 앨리스 사크라이다와 마제나 주코프스카가 작성한 최근 보고서*는 사회 변화를 위해 대중문화에 투자하는 것이 서사의 현저성을 구축하는 핵심 수단이라고 주장한다. 우리는 역사적 사례를 통해 텔레비전, 음악, 영화뿐만 아니라 팟캐스트와 컴퓨터 게임 같은 보다 현대적인 매체가 사회에서의 가치를 재조정하고 규범을 바꿀 수 있는 거대한 잠재력을 가지고 있음을 알고 있다. 이 보고서는 (적극적) 행동주의와 대중문화 간의 간극을 좁혀 더 크고 깊은 서사 변화를 가져오기 위해 노력하는 여러 조직을 소개한다.

글로벌 액션 플랜Global Action Plan

글로벌 액션 플랜은 영국에서 주로 활동하는 환경 자선 단체로 최근 젊은이들이 그들의 동년배 시민의 가치를 어떤 식으로 인식하는지를 탐구하는 보고서를 펴냈다. 이들의 작업은 커먼코즈 재

---

* https://popchange.co.uk/2021/03/16/new-brave-world-the-power-opportunities-and-potential-of-pop-culture-for-social-change-in-the-uk/

단에서 '인식 격차'*로 알려진 사회 현상에 대해 진행한 연구에 큰 영향을 받았다. '인식 격차'는 영국 시민들이 실제로 가치를 두는 것과 영국 시민들이 전형적인 영국인이 가치를 두고 있다고 믿는 것의 격차를 의미한다. 또한 이 보고서는 다른 사람의 가치를 추정하는 우리의 이런 성향이 우리 자신의 행동과 태도에 어떤 영향을 주는지에 대해 진행한 연구에도 큰 영향을 받았다.

글로벌 액션 플랜의 연구에 따르면, 대다수의 젊은이는 그들의 또래 친구들이 환경을 얼마나 중요하게 생각하는지를 과소평가하고 있고, 이 때문에 결과적으로 그들의 환경 활동 참여도 줄어들게 되었다. 글로벌 액션 플랜은 현재 학교와 교육자들과 협력하여 학생들이 그들의 가치에 대해 공개적으로 논의하고 행동할 수 있는 기회를 만들고 있다. 이는 학생들이 인간은 일반적으로 이기적이라는 심층서사에 대해 고민하고, 경험을 통해 이것을 돌봄과 공감의 심층서사로 대체하도록 하는 데 도움이 되고 있다.

커먼코즈 재단

맨체스터 박물관Manchester Museum과 행복 박물관Happy Museum과의 1년에 걸친 공동 작업을 통해 커먼코즈 재단은 예술·문화 단체들이 그들의 지역사회 안에서 본질적이고 공유된 가치를 활성화할

---

* '인식 격차(perception gap)'에 관한 자세한 내용은 커먼코즈 재단의 2016년도 보고서(https://bit.ly/330kX4P)에서 찾아볼 수 있다.

수 있도록 하여 긍정적인 사회 및 환경 행동을 불러일으킬 수 있게 해줬다. 커먼코즈 재단은 현재 광역맨체스터 지자체연합기구 Greater Manchester Combined Authority와 이 도시권 전역의 14개 예술·문화 단체와의 협업을 통해 이러한 접근 방식을 더욱 확대하고 있다. 박물관, 도서관, 미술관, 예술 공연장 같은 물리적 공간들은 문화 생산과 몰입의 핵심 장소로서 관람객에게 다양한 경험을 제공하며 새로운 서사에 활기를 불어넣을 수 있다.

여기에 공유된 사례들을 통해 심층서사 변화가 현재 영국에서 실행되고 있는 방식을 엿볼 수 있다. 이제 이러한 관행이 더욱 확대되지 못하게 막는 걸림돌에 대해 한번 살펴보자.

4

심층서사 변화 실천의 걸림돌들

나는 여러 관련 글을 읽고 실천가들과 대화를 하면서 심층서사 변화 실천이 당면한 많은 과제를 파악할 수 있었다. 이 과제들을 아래에 제시하겠지만, 조사를 더 해보면 앞으로 분명히 더 많은 과제들이 밝혀질 것이다.

1. 영국의 심층서사 변화의 활동 영역은 주로 백인, 중산층, 대학 교육을 받은 전문적인 NGO 활동가들이 차지하고 있다.

이에 비해 미국에서 벌어지고 있는 심층서사 변화 활동은 사실상 해방운동에 뿌리를 두고 있다. 예를 들어, 미국의 4대 주요 서사 변화의 주체인 컬러 오브 체인지Color of Change, 팝 컬처 콜래버러티브Pop Culture Collaborative, 내러티브 이니셔티브Narrative Initiative, 리프레임ReFrame은 모두 유색인종이 주도하고 있고 그들의 활동은 '흑인의 생명은 소중하다Black Lives Matter' 운동과 총기 반대 운동, 그리고 변화를 위한 다른 운동에서 발견되는 열정과 행동주의, 그리고 지혜와 분리될 수 없다.

영국에서의 서사 활동은 종종 운동의 외부에서 일어나며, 논쟁적인 이슈에 대해 때때로 직접적인 경험이 있는 사람들에게 자문을 구하지만, 이러한 집단에 충분한 자원을 공급하여 그들이 이끌도록 하는 경우는 거의 없다. 한 인터뷰 대상자는 "알다시피 서사는 '말들words'만으로 이뤄진 프로젝트가 아니어서, 이 걸림돌은 전체 프로젝트에 있어서 엄청난 결함이자 결점이다. 그것은 의미와 문화, 공명의 프로젝트이며 이 영역에서 전략적으로 중요한 영향력을 가진 사람을 바꾸지 않고서는 진정으로 달성할 수 없다"고 평했다.

회의 탁자에 둘러앉은 실천가 대다수가 현재의 유해한 심층서사가 야기한 피해를 직접 경험하거나 어떤 경우에는 실제로 그런 심층서사로부터 혜택을 입었을 가능성이 가장 적은 사람들이라면, 우리는 대안적인 심층서사를 발견하고 개발하거나 효과적으로 부각시키기를 기대할 수 없다. 이 사실을 염두에 두었을 때, 심층서사 변화 실천의 확장에서 제기되는 핵심 질문은 누가 이 작업 수행에 필요한 자원을 얻고 있으며 이 작업이 사람들이 옹호하는 심층서사에 어떤 영향을 미치는가 하는 것이다.

2. 조직들은 현재 심층서사 변화에 투자할 준비가 되어 있지 않다. 이 같은 현실은 현재 우리의 자금 조달 모델에 의해 강화된 것이다.

심층서사 변화를 위해서는 지속적인 자원 투자가 이뤄져야 한다. 그러나 현재의 자금 조달 메커니즘은 보다 점진적인 정책 변화 작업을 선호하는 경향이 있어서, 조직에 다음 번 지원사업 신청을 요구하기 전까지 일회성으로 또는 비교적 짧은 기간에 이니셔티브를 지원한다. 서사 변화 실천에 대한 투자와 관련하여 가장 우려되는 점 가운데 하나는 이것이 현재 우리가 직면한 시급한 과제에 대한 적절한 대응 방식이 아니라는 점이다. 다시 말해서 이것은 충분히 빠른 해결책이 아니다. 이와 관련하여 나는 지난 30년 동안 점진적인 캠페인 활동 방식에 지속적으로 투입된 자금이, 간간이 성과가 있긴 했지만, 우리가 요구하는 신속하고 유의미하며 지속 가능한 변화를 가져오지는 못했다고 주장한다. 만약 그랬다면 우리는 불평등, 기후 변화와 같은 문제를 해결하는 데 훨씬 더 가까워졌을 것이다.

한 인터뷰 대상자는 이를 시민사회가 "하찮지만 손에 잡히는 변화가 유의미한 변화보다 높게 평가되는 시스템 안에 갇히게" 된 것이라고 표현했다. 또한 나는 서사와 심층서사 변화 실천이 단기적 효과를 이끌어내지 못한다는 주장에 반박하고 싶다. 왜냐하면 이러한 서사 변화는 궁극적으로 더 즉각적인 캠페인 활동에 유익한 의견을 내오는 데 도움이 될 수 있기 때문이다. 오늘날 영국에서 진행되는 심층서사 변화 작업은 지속 가능한 투자를 확보하는 데 제약이 있어서 자금을 지원받는 다른 작업, 특히 그 작업의 전체 구조 안에 슬그머니 포함되는 경우가 많다.

자금 제공자들이 즉각적이고 측정 가능한 활동을 더 많이 지원하는 경향이 있기 때문에, 조직들은 다른 조직들과의 협업을 통해 영향을 미칠 수 있는 예상 가능한 서사적 변곡점에 대해 생각할 시간을 따로 내기 어려워한다. 예를 들어, 에든버러 공작Duke of Edinburgh의 죽음은 가까운 미래의 어느 시점에 일어날 것이며, 지배적 서사에 영향을 미칠 수 있는 문화적 순간이 될 것임을 진보 부문에서 알고 있던 사건이었다. 그러나 서사 변화 실천가들은 그 순간을 어떻게 하면 최선으로 활용하여 돌봄과 공감, 그리고 통합의 심층서사를 강화할 수 있을지 거의 또는 전혀 생각해보지 않았다. 미래의 서사 전략에 투자할 수 없다는 것은 닥쳐올 특정 순간에 대한 의미 부여를 현재의 지배적 서사의 해석에 자리를 내줄 수밖에 없음을 뜻한다.

3. 서사 변화는 종종 '영향력'이 아닌 '존재감'으로 이해된다.

라샤드 로빈슨의 용어를 빌리자면, 서사에 대한 우리의 이해는 오로지 '존재감'(우리의 이야기가 더 많은 곳에서 들리게 하는 것)을 확보하려는 생각에서 '영향력'(실제 현실에서 우리의 가치들을 실현하는 것)을 구축하는 생각으로 확장되어야 한다. 이 보고서의 앞부분에서 논의한 바와 같이, 현재 영국에서의 서사 변화에 대한 대중적 해석은 커뮤니케이션 전략에 기반한 것으로, 이 전략이 더 큰 변화로 이어지기를 바라며 우리의 프레임, 캠페인, 이야기가 단기적인 영향을 미칠 수 있도록 노력하는 것이다.

이러한 전술이 장기적인 서사 전략에서는 거의 적용되지 않는다. 다시 말해 이러한 전술이 소수의 사람들에게 '각성'을 이끌어낼 수는 있지만, 우리 문화를 규정하는 가치와 규범, 그에 따라 우리가 세상을 이해하는 서사에 지속적인 변화를 가져올 수는 없다. 이것은 변화 이론들 간의 근본적 차이를 보여준다. 누군가는 변화를 점진적 행동을 통해 결국 더 큰 무언가를 이루는 과정에서 달성되는 것으로 보는 반면, 다른 누군가는 우리가 추구하는 큰 변화를 이끄는 뿌리 깊은 문화 변화를 우선시한다. 무엇이 서사 변화인지에 대한 이러한 이해의 차이는 조정과 협업, 그리고 장기적인 자금조달의 측면에서 어려움을 불러온다. 이로 인해 실천가들을 종종 서로 반대 방향으로 움직이기도 한다.

4. 고립된 방식으로 운용되는 NGO들

미국에 기반을 두고 활동하는 문화 전략가인 에린 포츠Erin Potts 는 "이슈를 사로잡으려면 그것들에 대해 그만 말해야" 한다고 쓰고 있는데, 언뜻 보면 이 말은 모순처럼 들린다.* 그녀가 말하려는 요점은 공통의 명분을 찾는 접근 방식과 관계있다. 다시 말해, 깊이 뿌리박힌 가치와 규범에 기반한 유해한 서사들은 전반적인 사회와 환경 이슈들의 기본 토대가 된다. 그래서 두드러진 변화를 끌어내고 싶다면, 우리는 이슈들의 기반이 되는 토대를 바꿔야 한다는 것이다.

하지만 이렇게 토대를 바꾸는 것은 우리가 하나의 확실한 이슈에 집중하는 다양한 조직과 함께 시민사회를 조직한 방식 때문에 극도로 어려워졌다. 사람들은 대개 광범위한 이유로 조직을 구성하지만, (특정 목적을 지닌) 기관들은 자체의 조직 목적에 확실하게 들어맞는 이슈에 대해서만 노력하거나 의견을 제시하는 데 그친다. 이러한 분리는 자금 조달과 영향력, 방송 시간에 대한 경쟁으로 인해 서로 다른 명분 간의 협업을 달성하기 어렵게 만들었다.

폭넓은 서사 연구 경험을 가진 인터뷰 대상자는 프레이밍 또는 서사 지침이 개발될 때, 집중 조명을 받는 특정 이슈에 관심이 있는 조직의 관심만 끄는 경향이 있다고 말했다. 이는 우리가 하나의 진보 운동으로서 다양한 명분을 포괄하고 서사 문헌에서 반복적으로 등장하는 근본적인 심층서사들을 거의 찾아내지도 고려하

---

* 에린은 "문화 변화를 위한 전략과 전술에 관한 5가지 아이디어(Five Ideas on Strategies and Tactics for Cultural Change)"라는 제목으로 미디엄(Medium)의 블로그에 글을 썼는데, 해당 내용은 여기(https://bit.ly/3eKUZYq)에서 읽을 수 있다.

지도 못한다는 뜻이다. 하지만 현재로서는 이러한 접근이 우리가 살펴보도록 설정된 전부여서, 우리는 "이슈에 대해 그만 이야기 할" 수가 없다.

5. 가치 중심의 변화에 대한 두 가지 상충되는 해석

지난 10년 동안 사회심리학 분야에서 뻗어 나온 인간의 가치에 대한 연구가 사회적 · 환경적 개입을 형성하고 강화하는 데 매우 중요한 역할을 할 수 있다는 인식이 있었다. 그러나 영국에서는 가치 중심의 변화가 의미하는 바에 대한 두 가지 다른 견해가 심리학자 샬롬 슈워츠Shalom Schwartz의 연구를 통해 드러났다.

(커먼코즈 재단과 공익연구센터에서 가장 두드러지게 옹호하는) 한 가지 해석은 사람들이 친환경적이거나 친사회적인 특정 행위에 동참하도록 동기를 부여하려면, 커뮤니케이션과 캠페인을 통해 그들이 추구하는 본질적 가치(평등, 환경 보호, 공동체 등의 가치들)에 호소해야 한다고 제안한다. 가치는 마치 근육처럼 작용하기 때문에 내적 가치들을 더 많이 개입시킬수록 그 가치들은 더 강화되고 향후 의사결정을 할 때 개인이 이를 고려할 가능성이 높아진다.

(캠페인 컨설턴트인 크리스 로즈Chris Rose와 마케팅 전략가인 팻 데이드Pat Dade가 가장 적극적으로 옹호하는) 두 번째 해석은 지지자들을 그들이 지녔다고 생각되는 가치에 따라 분류해야 하며, 이에 따라 그러한 가치가 (대중적 이미지나 부, 또는 사회적 권력과 같이) 본질적으로 더 외적

인 것일지라도 커뮤니케이션에서는 그러한 가치에 직접적으로 호소해야 한다고 주장한다.

두 가지 접근법의 가장 큰 차이는 전자는 내적이든 외적이든 인간은 유효한 모든 가치에 이끌린다고 이해하는 반면, 두 번째 접근법은 인간을 그들의 필요에 따른 특정 가치 집단에 위치하고 있는 것으로 이해한다. 샬롬 슈워츠를 포함하여 전 세계의 주요한 사회심리학자들을 인터뷰하는 브리핑 보고서를 비롯하여 이 두 가지 접근법의 차이에 대해 쓴 글이 많다.[*] 이 주제에 대한 동료 검토 문헌은 공통의 명분이라는 접근 방식을 크게 선호하지만, 우리는 '가치 일치' 전략 채택을 옹호하는 전략적 커뮤니케이션 자료를 계속 검토하고 있다. 반면, 실천가들은 비록 외적인 것으로 여겨질 수 있더라도, 청중에게 더 중요하다고 생각되는 가치들을 확인하고 참여시키는 방식으로 메시지를 전달하도록 권장된다.

우리는 가치가 "우리가 매일 듣는 서사, 메시지, 이야기를 통해 궁극적으로 표현"되며, 따라서 심층서사의 창조에 핵심적인 역할을 한다는 점을 알고 있다.[**] 가치는 또한 인간 본성에 대한 우리

---

[*] 커먼코즈 재단은 2011년 8명의 저명한 심리학자들을 대상으로 접근법의 차이에 대해 인터뷰하여 브리핑 보고서를 작성하여 출간했다. 이 브리핑 보고서는 여기(https://bit.ly/3gQjPZy)에서 전체 내용을 읽어볼 수 있다.

[**] 이 인용문은 컬처 해크 실험실(Culture Hack Labs)이 2021년 초에 발표한 '전환을 변혁하기(Transforming the Transition)' 보고서에서 발췌한 것이다. 전체 보고서는 여기 (https://bit.ly/3t2E5JV)에서 찾아볼 수 있다.

의 이해와 밀접한 관련이 있다. 우리의 커뮤니케이션과 광범위한 활동에서 가치를 어떤 의미로 바라봐야 하는지에 대한 이처럼 상충하는 해석은 진보적 행위자들 사이에서 집단적 서사 실천에 대한 문제를 제기한다. 만약 일부 실천가는 내적 가치들을, 다른 실천가들은 외적 가치들에 의미를 부여하고 있다면, 그들은 또한 다양한 심층서사를 옹호하고 있는 셈이기도 하다.

5
권고사항

지금까지 이 보고서 전반에 걸쳐 오늘날 영국에서의 심층서사 변화에 대한 이해와 실천에 대해 살펴보았다. 심층서사 변화가 하나의 접근 방식으로서 우리가 너무도 간절히 추구하는 공정하고 정의로우며 지속 가능한 세상을 만드는 데 왜 그렇게 중요한지 이해되었다. 이제 이 보고서의 마지막 부분에서는 향후 몇 년 동안 심층서사 변화의 실천을 강화하고 성장시키는 데 도움이 되는 여덟 가지 권고사항을 제시하려고 한다. 이러한 권고사항들은 서사 실천가들과의 대화와 해당 주제에 대한 기존 문헌을 반영하여 개발되었다.

1. 새로운 전환적 서사를 도입하는 사람들에게 자원을 제공하

여 심층서사 공간에서 다양성을 구축하라.

대안적 심층서사는 정치적 투쟁에서 생겨나는 경우가 많았는데, 유해한 지배 서사에 의해 촉발된 불의를 직접 경험한 소외된 지역사회가 개발하고 그것을 중심으로 투쟁했기 때문이다. 서사 변화 작업의 중요한 측면은 세상이 번영하기 위해 필요한 심층서사 변화를 이미 추구하는 사람들에게 적절한 자원을 제공할 수 있어야 한다는 것이다.

한 인터뷰 대상자의 말에 따르면, 자금 제공자들은 "미심쩍은 사람들에게서 벗어나" 다양한 배경과 계층에 속하고 다양한 운동에 동참하는 사람들의 지원을 적극 장려해야 한다. 적절한 자원과 함께 훈련과 리더십 프로그램을 제공함으로써, 현재의 심층서사의 유해하고 왜곡된 영향을 직접 경험한 사람들과 지역사회가 기존의 서사 공간에 발을 들여놓고 주도할 수 있게 된다. 이것은 여러 가지 이유로 매우 중요하다.

첫째로, 서사 변화 전략의 가장 큰 목적은 오랫동안 발언권과 영향력을 거부당한 지역사회를 위한 힘을 구축하고, 누군가를 가치가 있다거나 없다고 결정하는 기존의 심층서사를 평등을 중시하는 새로운 사고 모형으로 대체하는 것이다. 서사 변화의 실천은 가장 큰 피해를 입은 사람들을 중심에 세우지 않으면 정당성이 결여된다.

두 번째로, 심층서사 변화의 과정은 우리가 글로벌 사회 전반에 걸쳐 폭넓게 보고 싶어 하는 권력 이동을 모델로 삼아야 한다. 기존의 권력 구조와 위계를 우리의 서사 작업 안에서 영속시키려 한다면, 우리가 만들고 있는 새로운 서사의 풍성함을 담보할 수 없을 것이다.*

더욱 다양한 서사 공간에 투자를 시작하는 실질적인 한 가지 방법은 서사 프로젝트의 기초 자료를 사람들이 더욱 널리 이용할 수 있도록 만드는 것이다. 프레이밍과 사용자 행동분석 조사, 언어분석과 같은 방법들은 현재 비용이 매우 많이 들기 때문에 소규모의 많은 풀뿌리 조직은 여기에서 배제된다. 대규모 NGO나 자금 제공자는 풀뿌리 집단들이 자체 서사 연구를 수행할 수 있도록 보조금을 받을 기회를 만들거나 연구 자료를 수집 분석하고 자유롭게 활용할 수 있는 디지털 공간을 마련할 수 있다.

접근성을 높이기 위한 현재의 실천을 보여주는 한 가지 사례는 풀뿌리 집단의 참가자들에게 프레이밍 프로젝트에 참여하도록 비용을 지불하는 공익연구센터의 정책에서 볼 수 있다.

2. 서사 실천가들 사이에서 신의와 신뢰를 구축하라.

관계자들이 긍정적이고 지지하는 상호작용을 통해 다른 사람

---

* 이 권고사항에 대한 더 자세한 내용은 '서사는 프랙탈(Narrative is Fractal)'이라는 공익연구센터 직원 엘레나 블랙모어(Elena Blackmore)의 블로그를 참조하라(https://publicinterest.org.uk/narrative-is-fractal/).

들과 연결되어 있다고 느낄 때 집단 내에서 협업과 연계가 강화된다. 공동체 조직 내의 핵심 원칙은 행위자들 간의 신의와 신뢰 구축이며, 이는 서사 공간에도 적용된다고 나는 믿고 있다. 서사적 접근 방식은 다차원적이어서 우리가 만들어내는 공간에는 다양한 경험과 지식 체계, 전문 지식을 바탕으로 다양한 사람을 포함해야 한다. 효과적으로 의견일치를 볼 수 있으려면 관계자들이 서로를 알아가고 공동의 언어와 비전을 함께 만들 수 있는 공간을 별도로 확보해야 한다. 실천가들 간에 신뢰를 창출하면 다양한 견해가 생겨도 그것들을 탐색해볼 수 있다. 예를 들어 공개 토론의 기회가 주어진다면 가치 개입에 대한 상충되는 해석을 해결하는 데 도움이 될 수 있다.

이 집단성은 그 자체로 사람들이 본질적으로 자기 이익을 추구한다는 현재의 심층서사에 맞서 이타주의와 호혜성, 그리고 연대라는 새로운 심층서사를 생생하게 구현하는 한 가지 방법이다. 언바운드 필란스로피Unbound Philanthropy에서 자금을 지원하고 나와 앨리스 사크라이다, 토마스 쿰스가 최근에 진행한 프로젝트는 이민 부문의 조직들 간에 더 큰 상호성을 구축하는 방법을 모색했다. 서사 현저성을 구축하기 위해 지원 파트너들은 서로의 이야기와 콘텐츠를 공유해야 하는데, 이들 파트너가 서로에게 친밀감을 느낄 때 이러한 가능성이 더 높아진다는 점을 인식했다. 피비 티켈Phoebe Tickell이 주도하여 만든 내러티브 어벤저스Narrative Avengers 그룹은 신의와 신뢰를 쌓을 수 있는 멋진 공간이기도 하다. 이러한 유형의 실천을 성장시키기 위한 의도적인 지원이 증가하면 서사에 관여하는 사람들을 연결하는 데 도움이 되며 미래에 더 큰 시너지 효과를 낼 수 있는 가능성이 있다.

중요한 점은 신뢰를 쌓는 노력과 더불어 서사 실천가들 사이에 존재하는 권력 역학을 인식하고 이해할 수 있는 기회도 함께 제공되어야 한다는 것이다. 우리 각자는 심층서사의 영속성을 통해 유지되는 체제의 영향을 다양하게 받고 있다. 이는 우리가 함께 아주 많은 풍부한 서사를 드러낼 수 있긴 하지만, 그러기 위해서는 현재 자원을 제공받아 활동하며 주류에서 인정받을 여지가 많은 실천가들이 한 발 뒤로 물러날 수 있어야 한다는 뜻이다.

특권을 경계하고 책임을 물을 수 있는 신뢰 환경을 구축하여 직접적인 경험이 있는 사람들이 진정성 있게 리더십을 발휘할 수 있도록 해야 한다. 한 인터뷰 대상자는 다음과 같이 분별 있게 지적했다. "'모든 생명이 중요하다'라는 말과 마찬가지로 '모두 그저 서로를 뒷받침해 주기만 하면 된다'라는 생각이 동등해 보이지만 실제로는 그렇지 않다." 신뢰만으로는 충분하지 않다. 신뢰는 역동적인 서사 풍경의 토대가 되어야 하며, 이를 통해 권력에 대한 논의와 현상 유지를 되풀이하려는 경향을 회피하지 않고 심층서사 변화의 핵심 요소로 삼아야 한다.

3. 영향 평가에 무엇이 필요한지에 대한 인식을 조정하라.

모든 변화 작업에서와 마찬가지로 모니터링과 평가는 활용 중인 전략과 전술이 원하는 결과로 이어지고 있는지 여부를 평가하는 데 중요하다. 심층서사 변화의 실천은 그 속성상 전통적인 캠페인 개입보다 시간이 훨씬 더 오래 걸리는 경향이 있다. 실천가들이 장단기적으로 심층서사 변화를 측정할 수 있도록 지원하는 프레임워크 개발에 투자함으로써 우리는 비교 가능한 데이터의 수집뿐만 아니라 심층서사 접근 방식의 필요성을 놓고 다른 행위자와 자금 제공자들과 신뢰를 구축할 수 있을 것이다. 심층서사가 광범위한 문화를 바꾸고 유지하는 방식을 생각해보면, 우리는 보다 확고한 심층서사 부문을 보유한 미국의 실천가와 연구자에게 배울 점이 많다.

그렇긴 하지만 성공에 대한 우리의 인식이 근본적으로 바뀌면 심층서사 변화의 실천은 상당한 진전을 보일 수 있다. 조지 레이코프George Lakoff는 저서 《코끼리는 생각하지 마》(와이즈베리, 2015)에서 미국의 신보수주의자들이 어떻게 불과 수십 년 만에 심층서사를 변화시켜 우리 문화와 시스템에 심대하고 확고한 영향을 미칠 수 있었는지에 대해 논의한다. 그는 우익 싱크탱크와 운동 단체들이 자금을 충분히 확보하는 방법뿐만 아니라 그들이 해마다 아무런 조건 없이 계속 자금을 지원받을 것이라는 점도 안다고 쓰고 있다. 그는 이 방식을 많은 행위자에게 드문드문 투자하며 투자 범위 관리에 더욱 신경 쓰는 단계적인 자금조달 모델과 비교한다. 그는 이 모델이 '작업 영역'에 투자하는 대신 조직들이 측정 가능한 독자적인 '프로젝트'를 개발하는 식으로 그들의 활동에 대해 매우 편협한 시각을 갖게 만든다고 주장한다.

레이코프는 진보주의자들이 "그들 자신을 위한 프로그램이 아니라 큰 도덕적 목표라는 관점에서 생각하는 것"이 좋을 거라고 결론짓는다. 다시 말해 성공에 대한 우리의 인식을 측정 가능한 프로젝트 목표에서 벗어나 게임의 규칙을 보다 급진적으로 변화시키는 방향으로 수정해야 한다.

가시적인 지표가 있는 작업에서 벗어나 전체적으로 진보적 도덕 체계의 성공을 위해 투자하는 데 더 익숙해지는 것이 처음에는 자금 조달 관행의 급진적 변화로 여겨질 수 있다. 그러나 나는 그러한 변화가 합리성과 평가에 집중하는 서구 중심의 자본주의적 방식에서 더욱 인간 중심적이고 구체화된 인식으로 옮겨가면서 심층서사의 변화에 스며든다고 주장하고 싶다. 만약 우리가 문화적 차원에서 정말로 심도 깊은 변화를 일으키고 싶다면, 우리의 전반적 포부와 그런 변화를 가져다줄 거라고 믿는 조치들에 대해 실천가들과 자금 제공자 모두가 사고방식을 바꿀 필요가 있어 보인다.

4. 자금 제공자들에게 지속적인 투자가 필수라고 주장하라.

앞서 언급한 권고사항들과 밀접하게 연결되는 사항인데, 자금 제공자들은 심층서사 변화를 가져오는 데 중추적 역할을 한다. 우리는 심층서사 변화가 종종 금방 일어나지는 않는다는 것을 알고 있다. 실제로 효과를 보려면 수년에 걸친 투자가 필요하다. 이러한 수준의 투자는 간혹 매우 위험하게 느껴지는데, 매일 세계가 마주하는 도전들이 시급한 문제로 느껴질 때는 특히나 더 그렇다.

하지만 지난 수십 년에 걸쳐 많은 투자를 해왔음에도 우리가 현재 집중하는 단기적이고 점진적인 행동은 우리가 요구하는 규모의 광범위한 변화를 이끌어내지 못했다는 사실을 곱씹어볼 필요가 있다. 많은 사람이 문화적으로 깊이 뿌리 내린 접근 방식이 궁극적으로 더 성공적이고 오래 지속될 것이라고 느끼기 시작했다.

지속적인 투자 지원 측면에서 우리는 자금 제공자들에게 문화와 서사 변화의 실천에 관한 학습 기회를 제공한 미국의 팝컬처 콜래버러티브Pop Culture Collaborative에서 영감을 얻을 수 있었다. 그들은 서로 연합하여 재원과 자금을 모으기 위해 자금 제공자들을 모은다. 이를 통해 실천가들은 장기간에 걸쳐 더 큰 규모의 자금을 더욱 안정적으로 조달할 수 있다. 심층서사 변화에 관한 새로운 자금 제공자 관행을 지원할 뿐만 아니라, 자금 제공자들이 서사 활동과 다양한 운동을 파악할 수 있도록 보조금 수령자들이 보고 과정에서 조치하도록 지원받을 수도 있다. 이 글에서 이미 언급한 조직들을 포함하여 영국에는 자금 제공자들에게 이런 유형의 지원과 편의성을 제공할 수 있는 조직이 많다.

5. 더 큰 서사 문해력을 지원하라.

이 보고서 전반에 걸쳐 서사 변화를 구성하는 요소가 무엇인지에 대한 영국 진보 부문의 이원적 이해를 살펴보았다. 실천가들끼리 서로 더 큰 서사 문해력(공익연구센터의 핵심 활동을 구성하는 작업)을 개발하도록 지원함으로써 변화에 대한 새로운 접근 방식이 뿌리내릴 수 있다. 이는 단순히 의사소통 결과물과 메시지 전달 전략을 고려하는 차원을 뛰어넘어 오늘날 사회가 직면한 도전과제뿐만 아니라 삶을 긍정하는 더 많은 가치와 규범을 육성하는 데 필요한 새로운 서사에 대한 공유된 이해를 증진할 수 있다.

서사 문해력은 새로운 프레임워크와 도구가 개발되고 검증됨에 따라 서서히 발전되고 있다고 봐야 한다. 우리는 또한 과거를 돌아보고 근래의 선배 활동가들로부터 서사와 심층서사가 시간이 지남에 따라 전개되고 변화해온 방식에 대해 배우면서 현재의 서사 개입들을 더 광범위한 서사의 역사에 비춰 보는 것을 주저하지 말아야 한다. 이러한 지식은 서사 전환의 성취 가능성을 강조하며, 더 많은 실천가와 자금 제공자가 이러한 접근법이 지닌 힘을 인식할 수 있게 해주고, 오늘날의 작업을 끊임없이 확장되는 서사의 궤적에 놓고 볼 수 있게 해준다.

첫 번째 권고사항에서 논의한 바와 같이, 더 큰 서사 문해력을 확립하는 또 다른 중요한 측면은 유해한 서사가 야기하고 지속시키는 부당함을 직접 경험한 지역사회와 활동가 집단에게 배우는 것이다. 그들의 리더십을 통해서만 그러한 부당함을 적절히 다루는 진정한 새로운 심층서사를 개발하고 강조할 수 있다. 실질적인 측면에서, 그리고 앞서 언급된 실천가들 사이에 신의와 신뢰를 구축하라는 권고사항을 반영하여, 서사 문해력을 구축하는 한 가지 방식은 학습 동아리를 만드는 데 투자하는 것이다. 개인 대 개인 간 공유와 학습을 중심으로 하는 이러한 환경에서는 더 깊은 관계를 형성할 수 있고, 혁신을 장려하며 널리 알릴 수 있다.

6. 공통의 명분을 식별하고 그것을 위해 노력할 기회를 설계하라.

협업은 사회와 환경 운동에서 유행어처럼 자주 사용되는 전문용어이다. 하지만 서사 변화에 한해서 말한다면, 알다시피 어떤 조직도 혼자의 힘으로는 서사를, 특히 우리 문화에 깊이 뿌리내린 서사를 바꿀 수 없다. 단일 조직으로 활동하는 것보다 우리는 협업을 통해 서사 전개에 영향을 미치는 더 많은 힘을 기하급수적으로 축적할 수 있다.

이 글의 다른 곳에서 언급한 바와 같이, 많은 심층서사가 다양한 사회와 환경 문제를 뒷받침하고 있다. 다양한 명분을 대표하는 사람이 함께 모일 수 있는 공간을 만들어 에너지와 자원, 영향력을 결집해 유해한 심층서사가 미치는 영향력을 제한하고 보다 진보적 대안의 힘을 구축할 수 있다. 공통의 명분 서사를 찾아내는 추가 조사를 통해서든 아니면 신경제 조직 네트워크New Economy Organizers Network 또는 공익연구센터 같은 기존 조직에 포함된 공식화된 작업 프로그램을 통해서든, 협업을 발전시키고 정례화하는 것은 장기적으로 심층서사 변화에 꼭 필요한 일이다.

7. 심층서사 변화를 위한 기회를 식별하는 데 필요한 기술 인프라를 구축하라.

서사 변화는 외부와 단절된 채로 존재하지 않기 때문에 실천가들은 그것을 완전히 통제할 수 없다. 효과가 있으려면, 연합 조직이 서사의 영향력이 발휘되는 순간을 인식할 수 있어야 한다. 빅 리스닝Big Listening과 같은 기술적 방법은 일정 기간 동안 대중 커뮤니케이션의 핵심 어구들에 대한 정량적 모니터링을 제공할 수 있다. 이를 통해 실천가들은 문화적 서사 변화와 발생 가능한 동향을 파악하여 전략적 개입을 계획할 수 있다. 미국의 내러티브 이니셔티브Narrative Initiative는 서사 실천가가 활용할 수 있는 기존의 몇몇 기술 플랫폼을 문서화할 뿐만 아니라 서사 기술에 대한 분명한 정의를 제공한다.

"서사 기술Narrative Technology은 지배 서사의 변화나 유지를 지원하고 가속화하는 데 사용 가능한 도구, 플랫폼, 인프라를 포괄한다. 여기에는 대규모 미디어와 온라인 담론에 대한 기준을 설정하고, 담론을 듣고, 검증하고, 대응할 수 있는 기술들을 포함한다."*

서사 기술의 가능성을 고려해볼 때, 기존의 많은 도구는 너무 비싸고 우리가 구축하고 싶어 하는 새로운 심층서사의 토대가 되는 가치를 우선시하지 않는 회사에서 그런 도구를 운용하는 경우가 많다는 점을 명심해야 한다. 이러한 기술을 조직 내부로 끌어들여 서사 조직이 빅 리스닝과 같은 서비스를 해당 부문의 모든 파트너에게 제공할 수 있도록 투자하는 게 보다 광범위한 우리의 작업에 더 잘 맞을 수도 있다. 자원 조달이 허용되는 경우, 접근 가능한 서사 디지털 대시보드에 식견과 지식을 공유하면 동일한 데이터를 수집하는 중복 플랫폼과 과정 없이 더 많은 조직과 운동이 동시에 그들의 영향력을 확대할 수 있다.

8. 서사 개입을 이끌 문화 지도자들의 역량과 자신감을 개발하라.

문화 전략에 관한 미디엄Medium의 기사에서 더 많은 완벽한 이

---

* 내러티브 인프라에 대한 자세한 내용은 내러티브 이니셔티브에서 2019년에 이 블로그에 게시한 '서사 기술: 범주, 필요, 향후 계획(Narrative Tech: Categories, needs and what's next)'(https://bit.ly/3eGnEhx)이라는 글에서 확인할 수 있다.

야기A More Perfect Story 팀은 "비영리 세계는 정의와 배타적인 관계를 갖지 않는다"라는 명백하지만 잊기 쉬운 진실을 언급한다.* 우리가 심층서사를 지속적으로 바꾸기 위해 무엇이 필요한지를 생각해보면, 우리가 참여해 살아가는 문화를 형성하고 유지하기 위해 노력하는 모든 사람이 필요하다는 것은 분명하다.

이 글의 시작 부분에서 논의한 바와 같이, 본질적 가치를 기반으로 하는 일관된 심층서사를 개발하는 것뿐만 아니라 우리는 이 서사가 가능한 한 많은 사람에 의해 분명히 내면화되고 '상식'이 될 수 있도록 하는 데 투자해야 한다. 이렇게 하는 것은 이야기에 생명력을 불어넣는 풍부한 몰입 경험을 만들어 사람들이 매일 다양한 장소에서 다양한 방식으로 이 생생한 서사를 접할 수 있도록 보장하는 것이다.

NGO와 여타 진보적 행위자가 서사 몰입을 생성하는 데 확실히 중요한 역할을 할 수 있음에도 불구하고 다른 문화 생산자들이 대중들 사이에서 훨씬 더 큰 영향을 미치는 경향이 있다. 앨리스 사크라이다와 마제나 주코프스카는 사회 변화를 일으키는 대중문화의 가능성을 분석한 최근 보고서인 뉴 브레이브 월드에서 문화 전략가들에게 "서사가 어떻게 문화를 형성하고 영향을 미치는지를

---

* 에린 포츠는 미디엄 블로그에 '문화 전략에 관한 대화(A Conversation about Cultural Strategy)'라는 예리한 논평을 제공한다. 해당 내용은 여기(https://bit.ly/ 3aObf9S)에서 확인할 수 있다.

탐색하고 연구할" 기회를 제공하기 위해 문화 서사 연수 계획을 권장했다. 이 프로젝트를 위해 내가 인터뷰한 참가자들은 진심으로 이 제안에 동의했다.

또한 물리적 공간(도서관, 극장, 박물관, 갤러리, 커뮤니티 센터 등) 주변에 자리한 보다 전통적인 문화 환경에서 활동하는 사람들에게 제공된 것과 비슷한 계획을 개발할 수 있다. 커먼코즈 재단은 영국의 특정 지역을 중심으로 활동하는 문화적 파트너들과의 협업을 통해 국가적 심층서사뿐만 아니라 보다 현지화된 가치와 규범을 활용하는 작업을 이끌어내며 특별한 성공을 거두었다. 대중문화와 보다 전통적인 형태의 문화적 몰입 양쪽 모두에 중점을 두며 결합하는 것은 서사의 범위를 훨씬 더 확장할 것이다.

결론

오늘날 세계에 존재하는 엄청난 도전과제들을 되돌아볼 때, 우리는 단일 쟁점 캠페인을 넘어서 인간이 어떻게 자기 자신과의 관계와 우리가 살아가는 세상과의 관계를 이해하는지에 대한 핵심을 파고들어야 한다. 새로운 존재 방식을 상상하기 위해서는 개인주의와 분리주의, 자연계 지배 같은 뿌리 깊은 사고에 우리를 옭아매는 낡은 서사를 떠나보내고 토착민들과 소외된 지역사회가 오랫동안 유지해온 대안적인 심층서사를 귀담아듣고 확장시켜야 한다.

인간이 우리의 삶, 즉 우리가 공유하는 지구에 사는 다른 모든 생명체의 삶과 미래 세대의 안녕을 규정하는 체제를 재구성할 기회를 갖게 되는 것은 우리의 본질적 가치를 옹호하는 문화의 재탄생을 통해서만 가능하다.

감사의 말

이 보고서 작성에 관심을 갖고 지도해준 캐시 로빈슨^{Cassie Robinson}을 비롯해 심층서사 변화의 실천에 대한 자신들의 식견을 공유해준 앨리스 사크라이다^{Alice Sachrajda}, 벡 샌더슨^{Bec Sanderson}, 도라 미드^{Dora Meade}, 엘레나 블랙모어^{Elena Blackmore}, 엘시 로데리크^{Elsie Roderiques}, 후안 카밀로 로페즈 메디나^{Juan Camilo Lopez Medina}, 루카스 폴슨^{Lucas Paulson}, 피비 티켈^{Phoebe Tickell}, 리치 호킨스^{Rich Hawkins}, 린쿠 센^{Rinku Sen}, 토마스 쿰스^{Thomas Coombes}, 톰 크롬턴^{Tom Crompton}에게도 진심으로 감사를 표한다.

이 보고서의 제목은 팝컬처 콜라보레이션^{Pop Culture Collaboration}의 CEO인 브리짓 앤투아넷 에반스^{Bridgit Antoinette Evans}의 인용문에서 따온 것으로, 전체 내용은 111쪽에서 자세히 읽을 수 있다.

저자에 대하여

루스 테일러Ruth Taylor는 심층서사와 인간의 가치 간의 교차점을 전문적으로 연구하는 서사 전략가이다. 그녀는 영국 내 커먼코즈 재단에서 파트타임으로 일하고 프리랜서로서 다양한 서사 이니셔티브를 지원한다. 루스는 학생 캠페인 활동 조직인 '사람과 지구People and Planet'의 이사이자 서사와 문화 변화 콘텐츠를 격주로 요약 제공하는 뉴스레터 '다시 말하면In Other Words'을 쓰고 있다.

상상의 위기는 번역협동조합이 자체적으로 선정하고 번역해 출간하는 일곱 번째 책이다. 그간 번역협동조합은 주로 '사회적경제'와 '협동조합'을 키워드로 책을 선정했다. 《협동조합은 어떻게 세상을 바꾸는가》, 《시민권력은 어떻게 세상을 바꾸는가》, 《플랫폼 경제, 협동조합을 만나다》, 《데자르댕 연대경제금고의 역사, 존재의 열정》 등이 그에 해당한다. 상상의 위기는 그와 조금은 다른 '사회 혁신' 키워드의 첫 번째 책으로, 평소 번역협동조합의 고객이자 협업 파트너이기도 한 씨닷 한선경 대표님의 추천으로 선정되었다.

번역협동조합과 씨닷의 협업은 이번이 처음은 아니다. 지난 2017년, 번역협동조합이 자체 기획하고 주최했던 제3회 동네국제포럼의 연사 초청 역시 씨닷의 도움으로 이루어졌다. 앞으로 번역협동조합은 《사회적 상상은 어떻게 세상을 바꾸는가》 외에도 사회 혁신을 주제로 한 다른 책들의 번역을 추진하고, 책의 저자를 초청하는 동네국제포럼을 계속해서 기획할 예정이다. 또한 사회적경제 부문의 단기적 부침에 얽매이지 않고 가까운 분들의 지혜를 빌려 지식의 커먼즈를 꾸준히 확장해나갈 것이다.

한 권으로 묶은 제프 멀건의 〈상상의 위기〉, 루스 테일러의 〈서사의 흐름 바꾸기〉는 번역 대상으로 검토한 문헌 중 가장 분량이 짧았다. 이 글들을 가장 먼저 번역하기로 한 이유는 분량과 달리 무한한 상상을 촉진하는 훌륭한 도구가 될 수 있다고 보았기 때문이다. 저자들은 사회적 상상과 근본적 변화의 방법론을 매우 상세하고 설득력 있게 제시한다. 또한 아동 돌봄, 노인 돌봄, 에너지 시스템, 민주적 의사결정, 미디어, 보건, 기업, 투자, 과세, 초국적 거버넌스 등 자신들의 방법론이 적용될 수 있는 다양한 분야와 사례를 제시한다.

독자들은 이 책의 한 문장, 한 문장을 읽을 때마다 각자의 고민과 관심사에 따라 수많은 상상을 하게 될 것이다. 저자들의 의도는 바로 여기에 있다. 한국 사회에는 완벽에 대한 강박이 만연하지만, 그리고 무언가를 바꾸고자 하는 사람일수록 '올바른' 방향을 찾아야 한다는 압박감을 크게 느끼겠지만, 적어도 이 책을 읽으면서는 자기검열을 내려놓고 편안하게, 마음껏 각자의 유토피아를 상상하면 어떨까. 제프 멀건이 말하듯, 우리들의 유토피아는 '틀릴' 수 있지만, 틀리는 가운데 유용하기 때문이다.

2024년 10월

참고문헌

심층서사 실천에 관한 기존 문헌을 검토하는 것의 일환으로, 나는 다음 기사들과 논문, 보고서를 읽었다.

1. 알렉스 에반스Alex Evans, 더 큰 우리A Larger Us(2020년), '더 큰 우리A Larger Us', https://bit.ly/3uj4AfX
2. 앨리스 사크라이다Alice Sachrajda와 토마스 쿰스Thomas Coombes, 더 틸트The Tilt(2020년), '확성기에서 모자이크까지: 서사적 커뮤니케이션을 위한 5가지 원칙', https://bit.ly/3aO5jO8
3. 앨리스 사크라이다와 마제나 주코프스카Marzena Zukowska(2021년), '뉴 브레이브 월드: 영국의 사회 변화를 위한 대중문화의 힘, 기회, 잠재력', https://bit.ly/3aOdgTO
4. 애나 심슨Anna Simpson, 미래를 위한 포럼Forum for the Future(2021년), '파도 읽기: 누가 서사 변화를 이해하는가?', https://bit.ly/3eGF0Lc
5. 브렛 데이비슨Brett Davidson, 싱크탱크에 대하여On Think Tanks(2016년), '정책에 영향을 미치는 서사 변화의 역할', https://bit.ly/3vynUWn

6. 브리짓 앤투아넷 에반스Bridget Antoinnette Evans, 팝컬처 콜라보레이션 Pop Culture Collab(2020년), '이야기에서 시스템까지: 서사 시스템 접근법을 사용하여 대중문화 서사 변화 보조금 만들기에 대해 알려주기', https://bit.ly/3nzs6T1

7. 커먼코즈 재단(2011년), '더 커먼코즈 핸드북The Common Cause Handbook', https://bit.ly/332pKTy

8. 커먼코즈 재단(2016년), '인식이 중요하다: 커먼코즈 영국 가치 조사', https://bit.ly/32ZnA75

9. 컬처 해크 실험실Culture Hack Labs(2019년), '컬처 해크 방법 도구들 1.0', https://bit.ly/2PAc66O

10. 댄 버지스Dan Burgess와 패디 로멘Paddy Loughman(2021년), '인생 이야기', https://stories.life

11. 엘레나 블랙모어Elena Blackmore, 베스 샌더슨Bes Sanderson, 도라 미드Dora Meade, PIRC(2018년), '우리에게 필요한 서사들: 우리를 하나로 묶는 이야기 강화하기', https://bit.ly/332Wjkc

12. 에린 포츠Erin Potts, 더 완벽한 이야기A More Perfect Story(2017년), '문화 변화를 위한 전략과 전술에 관한 5가지 아이디어', https://bit.ly/3eKUZYq

13. 에린 포츠Erin Potts, 더 완벽한 이야기A More Perfect Story(2017년), '효과적인 문화 전략: 우리가 아는 것', https://bit.ly/2QHKBZC

14. 에린 포츠와 트레이시 반 슬라이크Tracy Van Slyke, 팝컬처 콜라보레이션Pop Culture Collab(2021년), '신뢰의 속도로', https://bit.ly/2Sh6aAI

15. 프레임웍스 인스티튜트Frameworks Institute(2020년), '사고방식 변화: 그것들은 무엇인가? 그것들은 왜 중요한가? 그것들은 왜 발생하는가?' https://bit.ly/3eGrA1C

16. 글로벌 액션 플랜Global Action Plan(2021년), '연민으로 연합하기: 사람

들을 결집시켜 더 나은 세계 만들기', https://bit.ly/2Rdnje9

17. 제임스 새비지James Savage, 개방적인 국제 (노동)권리Open Global Rights(2021년), '말을 행동으로 옮기기: 서사 변화 지원에 관한 개인적 성찰', https://bit.ly/3nL1D5n

18. 제프 창Jeff Chang, 리즈 만Liz Manne, 에린 포츠, 더 완벽한 이야기 A More Perfect Story(2018년), '문화 전략에 관한 대화', https://bit.ly/3aObf9S

19. 젠 소리아노Jen Soriano, 조셉 펠란Joseph Phelan, 킴벌리 프리먼 브라운Kimberly Freeman Brown, 에르멜린다 코르테스Hermelinda Cortés, 최정희Jung Hee Choi, 멘토십 재구성ReFrame Mentorship(2019년), '서사의 힘을 위한 생태계 조성하기', https://bit.ly/32Yp5TO

20. 크리즈나 고메즈Krizna Gomez와 토마스 쿰스Thomas Coombes(2020년), '서사가 되어라: 서사 변화가 어떻게 인권 실천의 개념을 혁신할 수 있는가', https://bit.ly/333WtaM

21. 내러티브 이니셔티브Narrative Initiative(2017년), '중력 쪽으로: 서사 이니셔티브를 위한 항로 정하기', https://bit.ly/32YqsB8

22. 내러티브 이니셔티브Narrative Initiative(2019년), '서사 기법: 범주, 필요, 향후 계획,' https://bit.ly/3eGnEhX

23. 라샤드 로빈슨Rashad Robinson, 비영리 계간지Nonprofit Quarterly(2020년), "서사에 관한 우리 서사 바꾸기: 서사의 힘 구축에 필요한 인프라", https://bit.ly/2Rca0KI

24. 컬처 그룹The Culture Group(2014년), '파도 일으키기: 문화 전략 안내서', https://bit.ly/3u96waz

25. 또 다른 이야기 팟캐스트The Other Story Podcast(2021년), '지 킴Jee Kim, 로맹 바킬리타바르Romain Vakilitabar와 함께하는 에피소드 1: 서사 변화는 무엇인가?', https://bit.ly/3vwRnjO

상상력의 회복과 심층서사의 변화를 통한 사회 혁신과 전환

사회적 상상은 어떻게 세상을 바꾸는가

1판 1쇄 발행 2024년 10월 28일

지은이 제프 멀건·루스 테일러　옮긴이 번역협동조합

펴낸이 전광철　펴낸곳 협동조합 착한책가게

주소 서울시 마포구 독막로 28길 10, 109동 상가 b101-957호

등록 제2015-000038호(2015년 1월 30일)

전화 02) 322-3238　팩스 02) 6499-8485

이메일 bonaliber@gmail.com

홈페이지 sogoodbook.com

ISBN 979-11-90400-55-8　(03300)

•책값은 뒤표지에 있습니다.

•잘못된 책은 구입하신 서점에서 바꾸어 드립니다.